W0248623

Mit Kindern den Bauernhof entdecken

blv

Das Erlebnis- und Wissensbuch

HUBERT KOLL

Inhalt

Warum dieses Buch?

Vor einiger Zeit durfte ich eine sechste Klasse einer Hauptschule begleiten, die ihre Klassenfahrt auf einem Schulbauernhof verbrachte. Dort verrichteten die Schülerinnen und Schüler zwölf Tage lang all die Arbeiten, die auf einem Bauernhof anfallen: Sie melkten morgens und abends die Kühe, versorgten die Schweine, bereiteten das Futter vor und brachten es in die Ställe, striegelten die Pferde oder steckten Weidezäune um. Andere waren mit der Verarbeitung der Produkte, die der Hof erzeugt, beschäftigt: Sie mahlten das Getreide zu Mehl, stellten aus Milch Sahne her und bereiteten für ihre Mitschülerinnen und Mitschüler das Essen zu.

Ich war erstaunt zu sehen, wie vorsichtig die Kinder die Eier einsammelten, um ja keines zu zerbrechen. Ein Kälbchen am Finger nuckeln zu lassen, wurde zur Mutprobe. In der Mittagspause lagen die Kinder auf der Wiese, schauten den Wolken nach und hörten den summenden Bienen in den Apfelbäumen zu. Häufig saßen ein Mädchen oder ein Junge in einer Ecke mit einem Kaninchen oder einem Huhn auf dem Arm und kuschelten mit ihm.

In Gesprächen bedauerten alle Kinder, dass die Zeit auf dem Bauernhof bald zu Ende gehen würde – und damit auch die tollen Erfahrungen. Doch Eindrücke und kleine Abenteuer rund um die Landwirtschaft sind nicht an einen bestimmten Bauernhof oder Ort gebunden. Man kann sie nahezu überall erleben. Es bedarf nur einiger Ideen und Anregungen, sie zu sehen.

Ich möchte Sie und Ihre Kinder mit diesem Buch einladen, den Bauernhof, seine Tiere und Nutzpflanzen zu entdecken und kennenzulernen. Möglichkeiten gibt es dafür genug. Bei jedem Spaziergang, bei jedem Ausflug ins Grüne gibt es Gelegenheiten, die Pflanzen am Wegesrand zu betrachten und kleine Experimente mit ihnen zu machen. Rinder, Schafe, Ziegen, Geflügel und auch manche exotischen Nutztiere begegnen uns auf Weiden oder in Gehegen.

Bundesweit gibt es mehrere tausend Bauernhöfe, die regelmäßig ihre Hoftore für Schulklassen oder Kindergartengruppen öffnen. Immer mehr Betriebe ermöglichen durch Ab-Hof-Verkauf oder Hofläden einen Einblick in die Vielfalt ihrer Produkte und deren Erzeugung. »Urlaub auf dem Bauernhof« ist für viele Landwirtsfamilien eine wichtige Einkommensquelle und eine gute Gelegenheit geworden, Interessierte an ihrem Alltag teilhaben zu lassen.

Schulbauernhöfe haben sich mit pädagogischen Angeboten darauf spezialisiert, Schulklassen in die tägliche Arbeit mit einzubinden. Irrgärten in Mais- oder Hanffeldern, Übernachtungen im Heu, Kindergeburtstage auf dem Bauernhof, Kochkurse mit selbst geernteten Zutaten oder Abenteuer Ausritte sind nur einige der Aktionen, die speziell ausgerichtete Erlebnisbauernhöfe anbieten.

Doch auch der Landwirt, der in Ihrer Nähe seinen Hof bewirtschaftet, freut sich sicherlich über Ihr Interesse an seiner Arbeit. Sprechen Sie ihn doch einfach an. Fragen Sie ihn, ob Sie mit Ihren Kindern einen Blick in den Stall werfen, ihn bei seiner Arbeit begleiten oder vielleicht sogar mithelfen dürfen. In allen Regionen Deutschlands gibt es zudem Einrichtungen, die Kontakte zu Bauernhöfen vermitteln, die in besonderer Weise daran interessiert sind, Einblicke in ihr Tun zu geben. Die Adressen hierzu finden Sie im Anhang.

Seit Jahren setze ich mich mit anderen Gleichgesinnten für den »Lernort Bauernhof« ein, um Kindern die Landwirtschaft in ihrer Vielfalt näherzubringen. Als Fernziel haben wir definiert, dass alle Kinder während ihrer Schulzeit eine Woche auf einem Bauernhof verbringen sollten. Dafür brauchen wir viele Interessierte, die diese Idee mittragen: in den Schulen und Schulbehörden, auf den Bauernhöfen und in den Agrarverwaltungen, aber vor allem in den Elternhäusern. Vielleicht kann dieses Buch ein kleines Stück dazu beitragen, diese Vision zu verwirklichen.

Hubert Koll, Juli 2012

Raus aufs Land

Der traditionelle Bauernhof

Agrarfabrik oder Landromantik? Die Landwirtschaft in Deutschland ist im Wandel. Gibt es ihn überhaupt noch, den guten alten Bauernhof?

Land-wirtschaft erleben

Der Bauernhof ist für Kinder ein einzigartiger Erlebnis- und Erfahrungsraum. Hier ist vieles erlebbar, was an anderen Orten nicht mehr möglich ist.

Ein Tag auf dem Bauernhof

Kühe melken, Kälber füttern, Maschinen reparieren oder Silage einfahren. Wie sieht ein typischer Tag in einem Milchviehbetrieb aus?

Rückgang der Höfe

Von den mehr als 1,5 Millionen Höfen, die es 1950 gab, sind heute nur noch etwa 300.000 übrig geblieben. Jährlich geben rund drei Prozent der Betriebe auf. Die Gründe sind sehr vielschichtig, weshalb viele Betriebsleiter mit Erreichen des Rentenalters keinen Nachfolger mehr finden. Die Tierhaltung auf der Hofstelle wird dann meist aufgegeben, die Fläche an den Nachbarn verpachtet. Der technische Fortschritt macht es möglich, dass eine Landwirtin oder ein Landwirt inzwischen größere Flächen und Tierbestände bewirtschaften kann als noch vor einigen Jahrzehnten. Die Betriebe sind also deutlich größer geworden.

Die Suche nach dem traditionellen Bauernhof

Heute spannt im Märzen der Bauer kein Rösslein mehr an. Mit dieser Tatsache dürften die meisten von uns durchaus vertraut sein. Zu häufig sehen wir, wenn wir auf Autobahnen oder Landstraßen unterwegs sind, auf angrenzenden Feldern und Wiesen moderne Traktoren mit großen Anbaugeräten und riesige Erntemaschinen. Die Arbeit des Landwirts hat sich verändert.

Doch wie ist es bei den Landwirten zu Hause auf dem Bauernhof? Allein bei dem Wort »Bauernhof« entstehen bei jedem sehr unterschiedliche Bilder im Kopf. Der eine denkt sofort an den konkreten Bauernhof, auf dem er aufgewachsen ist, seine Großeltern besucht oder glückliche, entspannte Tage im Urlaub verbracht hat. Derjenige, der noch nie auf einem landwirtschaftlichen Betrieb war, macht sich seine Vorstellung auf Grundlage dessen, was er weiß oder sieht: die wiederkäuenden Kühe auf einer saftig grünen Wiese, die er von der Milchtüte kennt; glücklich scharrende Hühner und der Hahn auf dem Mist, wie sie auf dem Eierkarton abgebildet sind, oder sich genüsslich im Matsch suhlende Schweine aus dem Bilderbuch. Oder auch aus den inzwischen vielen Zeitschriften, die den Begriff »Land« im Titel tragen. Sie bringen uns seit einigen Jahren die schönen Seiten des Landlebens näher, blenden aber alles aus, was den angestrebten Wohlfühlfaktor stören könnte.

Über andere Kanäle erreichen uns auch sehr widersprüchliche Bilder der heutigen Landwirtschaft. Massenproduktion, Antibiotika-Einsatz, Turbomast oder Dumping-Preise für Lebensmittel sind nur einige Schlagworte, die über die Medien transportiert werden und damit auch das Bild des Bauernhofs mit prägen. Gibt es ihn überhaupt noch, den guten alten Bauernhof?

Ein Blick in die Statistik zeigt, dass zwei von drei Betrieben eine Fläche unter 50 Hektar bewirtschaften und damit gut das Bild des traditionellen Bauernhofes erfüllen würden. Andererseits bewirtschaften diese Höfe nur etwa ein Viertel der gesamten Landwirtschaftsfläche. Doch was ist mit den restlichen Flächen? Hier zeigt sich, dass wenige Betriebe einen Großteil des Ackerlandes und der Grünlandflächen auf sich konzentrieren. Denn mehr als die Hälfte der insgesamt verfügbaren Nutzfläche gehört zu den zehn Prozent der Betriebe, die mehr als 100 Hektar bewirtschaften.

Dieser Trend zu immer weniger, aber dafür größeren Höfen wird sich weiter fortsetzen. Lediglich die Anzahl der Betriebe mit mehr als 100 Hektar Fläche nimmt kontinuierlich zu, alle anderen werden immer weniger.

Agrarfabrik oder Landromantik?

Auf knapp drei Viertel aller landwirtschaftlichen Betriebe gibt es Tiere: rund 13 Millionen Rinder, 27 Millionen Schweine und 131 Millionen Hühner, Enten und Gänse. Wie schon bei der Fläche, ist auch in der Tierhaltung der Trend zu beobachten, dass die Zahl der Höfe mit Tieren sinkt – sogar stärker als die der reinen Ackerbaubetriebe. Allein zwischen 2007 und 2011 gaben rund 21.000 Höfe mit Tierhaltung ihren Betrieb auf. Dafür jedoch halten die restlichen Betriebe umso mehr Tiere.

Die meisten Betriebe in Deutschland halten nur eine Tierart. Auch hierin zeigt sich sehr stark die zunehmende Spezialisierung der Landwirtschaft, vor allem in der Geflügel- und Schweinehaltung. Rund 60.000 Betriebe in Deutschland halten Geflügel. Jedoch sind zwei Drittel des gesamten Geflügelbestandes in weniger als 15 Prozent davon aufgestallt. Ein ähnliches Bild zeigt sich bei den Schweinen. Auch hier gibt es bundesweit etwa 60.000 Schweine haltende Betriebe. Auf zwei Drittel dieser Höfe leben, laut Statistik, weniger als 400 Tiere. Allerdings machen diese Tiere gerade einmal 10 Prozent aller deutschen Schweine aus. In der Milchviehhaltung sind die Extreme weniger ausgeprägt. Rund 90.000 Höfe in Deutschland halten Milchvieh. Mehr als 90 Prozent von ihnen besitzen dabei weniger als 100 Kühe.

Was bedeuten all diese Zahlen? Der Blick in die Statistik zeigt, dass die Betriebe im Durchschnitt immer größer werden. Dies gilt sowohl für die Fläche als auch für die Anzahl der Tiere. Trotzdem sind die meisten Höfe weit von dem entfernt, was in der bunten Presse oft als »Agrarfabrik« bezeichnet wird. Die überwiegende Mehrzahl wird weiterhin als Familienbetrieb geführt. »Aber wie lange noch?«, wird sich so mancher fragen.

Tatsache ist: Je größer und spezialisierter ein Betrieb ist, umso wirtschaftlicher kann er arbeiten. In der Landwirtschaft lassen sich so große Maschinen kostengünstiger einsetzen und Arbeitsabläufe besser mechanisieren. Während um 1900 ein Landwirt vier Menschen ernährte, so sind es heute bereits mehr als 130. Maschinen haben die Mägde und Knechte ersetzt. Wir als Verbraucher merken dies durch die günstigen Lebensmittelpreise. Da bleibt nicht mehr viel Zeit für Landromantik.

Landwirtschaft alleine reicht oft nicht mehr

Landwirte brauchen heute mehrere Einkommensquellen. Nur jeder zweite landwirtschaftliche Familienbetrieb erwirtschaftet sein Haupteinkommen noch aus der Landwirtschaft. Die andere Hälfte führt den Betrieb im Nebenerwerb. Dies bedeutet, dass der überwiegende Teil zum Lebensunterhalt aus anderen Einkommensquellen, oft außerhalb der Landwirtschaft, stammt.

Doch selbst wenn das Haupteinkommen aus der Landwirtschaft kommt, setzen immer mehr Landwirte auf zusätzliche Standbeine. Ihre Zahl ist seit 2007 um fast ein Drittel gestiegen. Am häufigsten erzielen sie zusätzliche Einnahmen aus der Erzeugung erneuerbarer Energien. Dies sind unter anderem Wind- und Biogasanlagen oder auch die Verwertung von Biomasse wie Raps, Mais oder Holz zur Erzeugung von Wärme und Strom. Auch vertragliche Arbeiten, zum Beispiel für andere Höfe, oder kommunale Arbeiten, wie Straßendienste, nehmen immer weiter zu.

Bäuerin sucht Mann: Bauernfamilien im Wandel

»Wie, Landwirt ist ein Ausbildungsberuf? Ich dachte, das wird man einfach!« Das ist eine vielfach verbreitete Meinung. Denn jahrhundertelang war es wirklich so: Der Vater brachte seinen Sohn als Hofnachfolger bei, was er wissen musste. »Learning by doing« würde

BILD OBEN: Ein Traktor ist auf jedem Hof zu finden.

Wie wird es weitergehen?

In der Landwirtschaft ändern sich die Strukturen: Immer weniger Familienangehörige beteiligen sich am Hofalltag. Dagegen steigt die Zahl der angestellten Arbeitskräfte.
Und noch ein Bild ist im Wandel: Immer häufiger sitzen Frauen als Betriebsleiterinnen auf dem Traktor oder melken die Kühe. Fast zehn Prozent aller landwirtschaftlichen Betriebe werden inzwischen von Frauen geführt. Für sie gilt das gleiche Bild wie für ihre männlichen Kollegen: Die Suche nach einem passenden Partner für das Landleben gestaltet sich schwierig.

man heute dazu sagen. Doch diese Zeiten haben sich längst gewandelt. Zu komplex und umfangreich sind heute die Anforderungen an einen Landwirt, der seinen Hof erfolgreich weiterführen möchte. Nahezu alle angehenden Hofnachfolger haben heute zumindest eine abgeschlossene Berufsbildung; immer mehr führen den Betrieb mit einem Hochschulabschluss als Agrar-Ingenieur weiter.

Auch das Bild von der Bauernfamilie, die zusammen den Hof bewirtschaftet, stimmt nur noch bedingt. Die Unterstützung durch die Familie nimmt ab. Nur noch die Hälfte aller Arbeitskräfte in der Landwirtschaft kommt aus der eigenen Verwandtschaft. Immer mehr Ehefrauen von Landwirten arbeiten erfolgreich außerhalb des Hofes. In größeren Betrieben sind es Angestellte, oft hoch spezialisierte Facharbeitskräfte, die die Arbeit erledigen. Auf Höfen mit einem hohen saisonalen Arbeitsanfall, wie zum Beispiel beim Spargelstechen, Erdbeerpflücken oder Gurkenernten, sind zunehmend Saisonarbeitskräfte, meist aus dem Ausland, tätig.
Landwirt ist kein Beruf wie jeder andere. Neben den vielen schönen Seiten, wie der Arbeit mit Tieren und in der Natur, so gibt es auch Schattenseiten: lange Arbeitstage, eine hohe Abhängigkeit von politischen Entscheidungen und immer mehr Anforderungen seitens der Bürokratie. Nur auf einem geringen Anteil der Höfe ist die Frage der Nachfolge und Weiterführung des Betriebes geklärt. Doch auch hier zeigt sich eine Entwicklung sehr deutlich: Je größer der Betrieb ist und je stärker er als Einkommensquelle dient, desto häufiger steht schon frühzeitig ein Hofnachfolger fest.

BILD OBEN: Immer mehr Frauen bestimmen als Betriebsleiterin die Geschicke auf dem Bauernhof.

Landwirtschaft erleben

Der Bauernhof mit seinen Feldern und Wiesen, seinen Tieren und Menschen ist für Kinder ein einzigartiger Erlebnis- und Erfahrungsraum. Schon immer war der Bauernhof mit seinen weiten Flächen, seinen Tieren und zahlreichen Gebäuden ein Ort voller Freiheit und Abenteuer. Hier ist vieles erlebbar, was heute an anderen Orten nicht mehr möglich ist.

Der Höhepunkt eines jeden Bauernhofbesuchs sind die Tiere. Viele Kinder wünschen sich sehnlichst ein eigenes Tier oder kennen Tiere bereits von zu Hause. Daher stellen sie schnell eine Beziehung zu ihnen her oder überwinden Bedenken. Egal, ob am Zaun der Weide, des Geheges oder direkt im Stall: Das Beobachten, Streicheln oder Pflegen der Tiere ist wichtig für Kinder und kann ihre seelische Entwicklung positiv beeinflussen.

BILD OBEN: Ein Besuch auf dem Bauernhof ist für die ganze Familie ein Erlebnis für alle Sinne.

Ein Bauernhofbesuch schärft das Bewusstsein, wo unsere Lebensmittel herkommen, wie unsere Nutzpflanzen angebaut werden und wie unsere Nutztiere leben. Damit steigt auch bei den Kindern die Wertschätzung gegenüber den Nahrungsmitteln.

Der Blick in die Landschaft lässt die Kinder die Jahreszeiten neu erleben. Er zeigt, welche Feldfrüchte in welchen Monaten gesät werden, wie sie sich im Laufe des Jahres entwickeln und wann sie geerntet werden. Er verschafft den Kindern so ein Gefühl für die Saisonalität und Regionalität unserer Lebensmittel.

Die Kinder entdecken den eigenen Heimatraum neu oder lernen den Ferienort unter einem anderen Blickwinkel kennen. Sie erfahren, wie klimatische, ökologische oder wirtschaftliche Bedingungen die Arbeit der Landwirte beeinflussen und damit auch das gesamte Landschaftsbild der Region bestimmen.

Ausrüstungsliste

Natürlich sind alle Aktivitäten auch ohne Spezialausrüstung möglich. Aber mit einem gepackten Rucksack macht die »Expedition auf den Bauernhof« noch mehr Spaß:

- Block und Schreibzeug
- Einige leere Plastiktüten
- Lupe oder Becherlupe
- Fernglas
- Taschenmesser
- Bestimmungsbücher
- Kamera
- Sonnenschutz
- Proviant

Landwirtschaft schließt den gesamten umgebenden Naturraum mit ein. Feldhecken, Gehölze oder Gewässer in der Feldflur laden zum Entdecken und Beobachten ein. Die Kinder lernen so Lebensräume, Nützlinge und ökologische Zusammenhänge auf spielerische Art und Weise kennen.

Der Wunsch nach Weite und Abenteuern steht vielen Kindern fast schon ins Gesicht geschrieben. Einfach über eine gemähte Wiese oder ein Stoppelfeld zu laufen, einen Drachen steigen zu lassen oder mit dem Fahrrad unbekannte Feldwege zu erkunden sind für Kinder spannende und prägende Erlebnisse.

Auf einem Bauernhof einmal richtig mitzuarbeiten, bringt Kindern viel Selbstbestätigung ein. Hier erledigen sie nämlich keine »Alibi-Tätigkeiten«, sondern tragen dazu bei, notwendige Arbeiten zu erledigen. Sie übernehmen Verantwortung und üben die Teamfähigkeit. Dabei riechen sie den Duft von frisch umgegrabener Erde oder von frischem Heu, pflegen und versorgen Tiere oder ernten selbst Früchte, die sie anschließend probieren und verspeisen können. Nach getaner Arbeit den Tag zwar müde, aber glücklich beim Abendessen ausklingen zu lassen, sollte jedes Kind einmal erlebt haben.

Auch daran sollte man denken

»Hinterlasse nur deine Fußspuren! Nimm nur Erinnerungen und Fotos mit!« Diese Regeln aus dem Naturschutz lassen sich auch auf den Bauernhof übertragen. Bitte nehmen Sie Rücksicht auf die Belange der Landwirte und der Tiere. Viele Aktivitäten lassen sich gut vom Rand der Felder und Wiesen aus umsetzen. Vermeiden Sie Missverständnisse: Sprechen Sie, wenn Sie einen Bauernhof betreten oder Pflanzenteile für Experimente benötigen, dies besser vorher mit dem Landwirt ab.

BILD OBEN: Für Kinder sind die Tiere auf dem Bauernhof immer eine Attraktion.

Ein Tag auf dem Bauernhof

+++ 5:45 Uhr +++

Der Wecker klingelt. Ein normaler Arbeitstag beginnt auf dem Milchviehbetrieb von Familie Jakob. Es ist zwar noch früh am morgen, aber jetzt, Ende April, ist es wenigstens schon hell um diese Zeit.

+++ 6:00 Uhr +++

Der erste Weg der Bäuerin und des Bauern führt in den Kuhstall. Dort hat Malte, der Lehrling, bereits begonnen, den Melkstand für das Melken der Kühe vorzubereiten. Die Kühe warten schon. Über Nacht hat sich in ihren Eutern viel Milch gebildet, die sie jetzt gerne loswerden möchten. Während die Bäuerin mit dem Lehrling die Kühe melkt, hat Herr Jakob bereits damit begonnen, die Futtermischung für die Kühe zusammenzustellen. Mit dem Frontlader lädt er verschiedene Futtermittel wie Getreideschrot oder Mais- und Grassilage in den Futtermischwagen. Mit dieser Maschine werden die einzelnen Bestandteile zu einer ausgewogenen Futtermischung vermengt und anschließend in den Stall zu den Tieren gefahren. Aus dem Mischwagen wird das Futter direkt an die Fressplätze gelegt.

Inzwischen sind alle Kühe gemolken und die Milch ist im Kühltank. Malte reinigt noch das Melkgeschirr und säubert mit dem Hochdruckreiniger den Melkstand. Frau und Herr Jakob sind inzwischen im Kälberstall. Denn die kleinen Kälber bekommen ihre Milch aus dem Nuckeleimer.

+++ 8:30 Uhr +++

Zeit für das Frühstück und für die Besprechung der Arbeitsabläufe des restlichen Tages. Da kommt auch schon der Milchsammelwagen, der die Milch zur Molkerei bringt.

Mit dem Ladewagen sammelt der Landwirt das angetrocknete Gras auf.

+++ 9:00 Uhr +++

Der Wetterbericht meldet warmes, sonniges Wetter. Daher soll Gras für die Silage eingebracht werden. Herr Jakob und Malte bereiten die Maschinen vor. Sie betanken die Traktoren, wechseln die Messer an den Mähwerken und reparieren einen abgebrochenen Zinken am Heuwender. Während der Bauer auf der Wiese das Gras mäht, wendet der Lehrling mit dem Heuwender das Gras. So kann es in der Sonne besser trocknen. In der Zwischenzeit hat Frau Jakobs die Daten der neugeborenen Kälber in den Computer eingepflegt, Rechnungen überwiesen und das Mittagessen vorbereitet.

+++ 13:00 Uhr +++

Mittagessen. Doch für eine lange Mittagspause ist heute keine Zeit.

+++ 13:30 Uhr +++

Während Malte das angetrocknete Gras mit dem Traktor in lange Reihe zusammenrecht, bereitet Herr Jakob die Silos vor, in die das Gras eingelagert werden soll. Abdeckfolie und Sandsäcke liegen schon bereit, der große Ladewagen und der Kipper sind für das Grasfahren vorbereitet. Denn jetzt muss alles möglichst reibungslos klappen. Der Lohnunternehmer kommt mit seiner Kolonne. Ein Feldhäcksler nimmt das Gras auf, zerkleinert es und wirft auf den Wagen, der neben ihm herfährt. Ist der Wagen von Herrn Jakob voll, übernimmt Malte oder ein Kollege mit seinem Traktor und Anhänger die Position. Herr Jakob fährt zum Silo und lädt das Gras dort ab. Ein Radlader verteilt das Gras gleichmäßig im Silo und walzt es fest. Wenn die Flächen von Herrn Jakob abgeerntet sind, fährt die ganze Kolonne weiter zu den Kollegen, um dort die Silage einzufahren.

Frau Jakob wartet währenddessen auf den Tierarzt, denn eine Kuh soll besamt werden. Sie kontrolliert, ob die Tiere im Stall noch genug Futter haben und schaut bei den neugeborenen Kälbern vorbei.

+++ 17:00 Uhr +++

Am Abend wiederholt sich die Arbeit vom Morgen im Kuhstall: Kühe melken, Futter in den Stall fahren, Kälber füttern, Melkstand reinigen.

+++ 19:00 Uhr +++

Abendbrot; doch der arbeitsreiche Tag ist heute noch nicht vorbei. Das Silo muss geschlossen werden. Dazu breiten Herr Jakob und Malte große Plastikplanen über das Gras. Diese beschweren sie mit Sandsäcken und verschließen die Ränder so, dass keine Luft eindringen kann. Sonst würde das Futter verderben.

+++ 21:00 Uhr +++

Feierabend!

Trotz aller Technik: Ganz ohne Handarbeit geht es nicht.

Tiere auf dem Bauernhof

Rinder und Schweine

Sie sind die typischen Tiere des Bauernhofs. Rinder auf der Weide zu beobachten oder gar zu füttern, ist immer ein Erlebnis.

Hühner, Enten und Gänse

Wenn der Hahn kräht auf dem Mist – dann hat man noch einen traditionellen Bauernhof vor sich. Haben Sie schon mal Eier eingesammelt?

Pferde, Bienen und Exoten

Pferde sieht man heute auf dem Land eher selten, Bienenvölker erfreuen sich hingegen wachsender Beliebtheit. Ihren Honig mag jeder.

Mit Kalb und Kuh per Du

Für Kinder sind Kühe der Inbegriff des Bauernhofes. Malen Kinder ein Bild von einem Bauernhof, so findet sich mit Sicherheit neben dem Traktor auch die Kuh wieder. Ein Bauernhof ohne Kühe ist für Kinder einfach unvorstellbar. Dies ist auch kaum verwunderlich, denn die Kuh begegnet uns fast täglich. Auf nahezu jeder Packung von Milchprodukten ist sie als sympathischer Werbeträger zu finden. Beim Spaziergehen sehen wir sie auf der Weide stehen, während andere Tiere wie Schweine und Hühner durch ihre Stallhaltung deutlich weniger in unser Blickfeld rücken.

Rund die Hälfte der landwirtschaftlichen Betriebe in Deutschland hält Rinder. Die überwiegende Anzahl davon sind Milchviehbetriebe mit Kühen, auf anderen Höfen leben Mastrinder, die wegen ihres Fleisches gehalten werden.

Vor mehr als 10.000 Jahren wurden Rinder bereits in Indien domestiziert. Über Kleinasien breitete sich die Rinderhaltung bis nach Europa aus. Unser heutiges europäisches Hausrind stammt von einem mächtigen Wildrind mit einer Schulterhöhe von bis zu 1,80 m ab, dem Ur- beziehungsweise Auerochsen. Im Laufe der Zeit wurden Rinder gezielt gezüchtet. Je nach Lebensraum und Nutzzweck entwickelten sich so sehr unterschiedliche Rassen. Denn der Mensch hielt Rinder nicht nur wegen ihrer Milch und ihres Fleisches, sondern auch als Arbeitstiere. Über Jahrhunderte diente ihre Kraft für eine Vielzahl von Tätigkeiten, wie z. B. das Ziehen von Pflügen oder schweren Wagen.

BILD OBEN: Kühe auf der Weide – ein Anblick, der immer seltener wird.

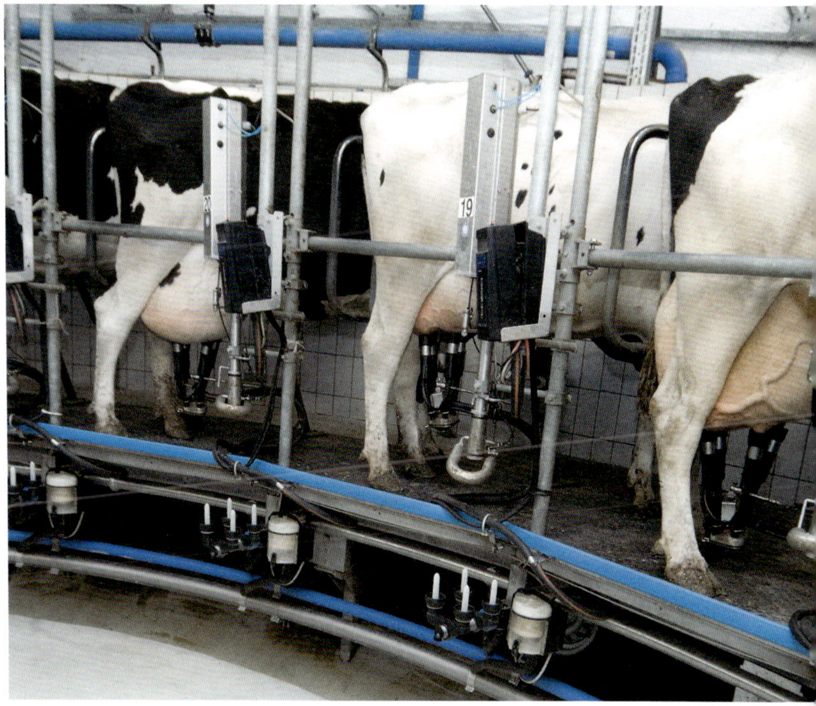

Das Geheimnis der Wiederkäuer

Rinder gehören wie Schafe, Ziegen oder Kamele zu den Wiederkäuern. Als Besonderheit besitzen sie einen mehrteiligen Magen, der aus drei Vormägen (Pansen, Netzmagen und Blättermagen) sowie dem eigentlichen Magen, dem sogenannten Labmagen, besteht. Beim Fressen werden Gräser und Kräuter lediglich grob zerkaut. Nach dem Schlucken gelangen sie in den Pansen. Hier leben, wie auch in den anderen Vormägen, zahlreiche Mikroorganismen. Diese Bakterien, Protozoen und Hefen, vermischen sich mit der Nahrung und zersetzen die Strukturkohlenhydrate der Pflanzen. Der Nahrungsbrei wird, nachdem er zur weiteren Zerkleinerung und Durchmischung zwischen Pansen und Netzmagen hin- und herbewegt wurde, in kleinen Portionen wieder in die Mundhöhle befördert. Der Nahrungsbrei wird hier durch weiteres Zerkauen (Wiederkäuen) noch feiner zerkleinert, ehe er erneut geschluckt wird. Dieses Zersetzen der Strukturkohlenhydrate bewirkt, dass die Tiere die Kohlenhydrate verwerten können. Dadurch können die Wiederkäuer, im Gegensatz zu anderen Tierarten oder uns Menschen, Gras energetisch nutzen. Während dieses Vorganges werden allerdings Kohlendioxid und Methan, zwei Klimagase, gebildet, die von den Wiederkäuern dann an die Umwelt abgegeben werden.

Wie Kühe leben

Auf modernen Milchviehbetrieben leben die Tiere in einem Laufstall. Hier können sie sich frei bewegen und haben jederzeit Zugang zu Futter, frischem Wasser und einer Liegebox. Die Ställe sind hell und

BILD OBEN: Landwirte halten Kühe wegen ihrer Milch. In modernen Melkständen werden die Tiere gemolken.

BILD OBEN: Nach dem Melken fließt die Milch in den Sammeltank. Hier wird sie auf 4 °C gekühlt.

Kleines Rinder-Lexikon:

Rind ist der Oberbegriff für alle männlichen und weiblichen Tiere. **Kuh** ist ein weibliches Rind, das bereits ein Kalb geboren hat. **Färse** ist ein weibliches Rind, das noch kein Kalb bekommen hat. **Bulle** oder **Stier** ist ein geschlechtsreifes, männliches Rind. **Ochse** ist die Bezeichnung für ein kastriertes, männliches Rind. **Kalb** ist ein junges männliches oder weibliches Rind im Alter bis zu 6 Monaten. **Milchkuh** ist eine Kuh, die zur Milcherzeugung gehalten wird. Als **Mutterkuh** bezeichnet man eine Kuh, die nicht gemolken wird, sondern ein Kalb an ihrem Euter saugen lässt und es so großzieht. Ein **Mastrind** wird wegen seines Fleisches gehalten und gemästet.

gut durchlüftet. Damit Tiere und Stall relativ sauber bleiben, befinden sich im Boden der Laufbereiche meist kleine Spalten. Kot und Harn fallen durch sie in einen unterirdischen Kanal und kommen als Gemisch, das Gülle genannt wird, von dort in einen Sammelbehälter.

Viele Landwirte halten die Tiere in den Sommermonaten auf der Weide. Da aber bei größer werdenden Tierzahlen je Betrieb oft nicht ausreichend hofnahe Grünlandflächen zur Verfügung stehen, nimmt die ganzjährige Stallhaltung ohne Weidegang immer mehr zu.

Was Rinder fressen

Neben der Haltung muss aber auch das Futter optimal auf die Bedürfnisse der Tiere abgestimmt sein. Rinder ernähren sich in erster Linie von Gräsern, Kräutern oder anderen Pflanzen wie z.B. Mais. Diese können frisch, getrocknet als Heu oder konserviert als Silage verfüttert werden. Ergänzt wird dieses sogenannte Grundfutter durch eiweißreiches Kraftfutter, das aus Getreide, Soja, Lupinen oder anderen eiweißhaltigen Grundlagen besteht. Für den Mineralhaushalt der Tiere stehen Salz-Lecksteine zur Verfügung. Wichtig für Rinder ist der Zugang zu frischem Wasser. Je nach Witterung und Jahreszeit braucht ein Tier 100-200 Liter davon täglich.

Die Sache mit der Milch

Eine Kuh in Deutschland gibt durchschnittlich etwa 20 Liter Milch pro Tag, im Jahr also 7.000 Liter. Spitzenkühe können allerdings eine Milchleistung von weit mehr als 10.000 Liter Milch pro Jahr erzielen.

Damit eine Kuh aber überhaupt Milch geben kann, muss sie vorher ein Kalb zur Welt gebracht haben. Die Milch wird aber nur zu einem kleinen Teil anschließend an das Jungtier verfüttert, sondern dient vielmehr der menschlichen Ernährung.

Die Melkmaschine übernimmt die natürliche Rolle des Kalbes und saugt die Milch aus dem Euter. Über eine Rohrleitung gelangt sie in einen großen Sammeltank. Hier wird die Milch schnell auf 4 °C gekühlt. Alle zwei Tage kommt der Milchsammelwagen. Er pumpt die Milch aus dem Tank. Dabei wird gleichzeitig die Qualität der Milch untersucht, denn nur einwandfreie Ware kann in der Molkerei verarbeitet werden. Milch ist die Rohware für die riesige Produktpalette an Trinkmilch, Joghurt, Quark, Käse, Sahne, Butter, Schmand und viele andere Milchprodukte.

Weitere Vorteile von Rindern

Ansonsten sind Rinder echte Multi-Talente. Neben der Milch wird auch ihr Fleisch verwendet. Die Häute werden zu Leder für hochwertige Kleidungsstücke oder Schuhe verarbeitet. Die Ausscheidungen der Tiere, wie Gülle, Jauche und Mist, sind natürliche Düngemittel oder werden in Biogasanlagen zur Energieversorgung eingesetzt. Da die Kühe überwiegend Gras fressen, das von anderen Tierarten nicht genutzt werden kann, leistet die Milchviehhaltung einen wichtigen Beitrag zur Landschaftserhaltung und -pflege in Deutschland. In vielen Regionen ist die Rinderhaltung der wichtigste Betriebszweig für die Landwirte. In Deutschland sind die meisten Rinder schwarz-weiß oder braun-weiß gefleckt und gehören den Rassen der Schwarz- und Rotbunten oder dem Fleckvieh an.

BILD OBEN: Klassische Milchkannen sucht man auf einem modernen Milchviehbetrieb oft vergeblich.

+++ Ausprobieren +++ Ausprobieren +++

Beim Melken helfen

Natürlich werden Kühe heute nicht mehr von Hand gemolken. Dies erledigen Melkmaschinen. Doch trotz aller Technik, es geht immer noch nicht ganz ohne den Menschen. Auf den meisten Höfen kommen die Kühe morgens und abends, idealerweise im Abstand von 12 Stunden, vom Stall oder von der Weide zum Melken. In modernen Melkständen steht der Landwirt auf einer niedrigeren Arbeitsebene, sodass er sich nicht mehr bücken muss und gut von unten das Melkzeug am Euter anbringen kann.

Für Kinder ist dies prima, denn von hier können sie viel besser auf das Euter und das Melkzeug sehen. Beim Melken können die Kinder gut mithelfen und so den Weg der Milch vom Euter bis zum Tank prima nachverfolgen. Zuerst wird das Euter angemolken. So wie früher beim Handmelken wird drei bis vier Mal per Hand Milch aus jeder Zitze gestrichen. Das ist gar nicht so einfach, wie es klingt, und es bedarf einer besonderen Grifftechnik, die die Landwirtin oder der Landwirt gerne erklärt. Das Anmelken ist notwendig, da im Zitzenkanal im Laufe des Tages beziehungsweise der Nacht Keime einwandern, die so entfernt werden. Anschließend wird das Euter mit einem Tuch gesäubert. Erst dann wird über jede der Zitzen ein Melkbecher bestülpt, der sich durch einen Unterdruck, der durch die Melkmaschine erzeugt wird, festsaugt. Durch einen pulsierenden Wechsel von Unterdruck und Entlastung fließt die Milch aus dem Euter. Die Milch läuft aus den vier Melkbechern über kurze Milchschläuche in ein oftmals transparentes Milchsammelstück. So können die Kinder schön sehen, wie die Milch im Rhythmus des Unterdrucks hier zusammenläuft, ehe sie in den großen Milchtank gepumpt wird.

Beim Melken können die Kinder prima helfen. So erleben sie, woher die Milch kommt.

Die Zunge eines Kälbchens fühlen

Im Kälberstall können mutige Kinder dies selbst erforschen. Meist kommen die Kälber, da sie sehr neugierig sind, von selbst an das Gitter heran. Hält man ihnen die Hand vorsichtig und langsam hin, beschnuppern sie diese zunächst. Dann nehmen sie einzelne Finger oder die Hand in das Maul und beginnen daran zu nuckeln, um so Milch saugen können. Keine Angst, das tut wirklich nicht weh – es ist nur ein bisschen glitschig wegen des Speichels. Man kann dann sehr gut fühlen, dass die Zunge des Tieres sehr rau ist. Dadurch lässt sich nämlich das Gras besser greifen. Mutige Kinder können vorsichtig an den Zähnen fühlen und feststellen, dass oben keine Schneidezähne sind. Auch die Kauplatte lässt sich gut ertasten.

Übrigens: Die Hand sollte man am besten nicht zu lange im Maul lassen. Das Kalb könnte sonst zu viel Luft saugen und Blähungen bekommen. Wenn das Kalb nach einer Weile merkt, dass keine Milch kommt, dann beginnt es mit dem Kopf zu stoßen.

Reißen statt Beißen!

Wer möchte, kann Kühe beim Fressen auf der Weide genau beobachten: Mit ihrer langen, rauen Zunge fassen sie um ein Grasbüschel und reißen es mit ihren unteren Schneidezähnen ab.

Können Kühe beißen?

Die Frage ist nicht unbegründet. Da Kühe sehr neugierig sind, kommen sie oft sehr nahe heran und beeindrucken durch ihre enorme Körpergröße. Mit ihrer riesigen Schnauze schnuppern sie zunächst, ehe die große Zunge versucht, das Neue zu ertasten. Kein Wunder, dass man da besser erst einmal vorsichtig ist.

Von Natur aus sind Kühe als Wiederkäuer reine Pflanzenfresser, die sich von Gras und Kräutern ernähren. Ihr Gebiss ist daran bestens angepasst. Im Unterkiefer haben Rinder acht Schneidezähne, jedoch keine im Oberkiefer. Hier sind die Schneidezähne durch eine Kauplatte ersetzt. Sie dient keim Kauen als Gegenlager. Weiter hinten im Gebiss besitzt die Kuh aber sowohl unten als auch oben Backenzähne.

+++ Ausprobieren +++ Ausprobieren +++

Sahne zu Butter schlagen

Butter kennen wir alle. Zum Frühstück oder zum Abendessen steht sie oft bei uns auf dem Tisch. Egal, ob unter Honig, Marmelade, Wurst oder Käse: mit Butter auf dem Brot schmeckt es einfach besser. Aber woher kommt die Butter und wie wird sie hergestellt? In der Molkerei entsteht aus der Milch der Kuh zunächst Sahne. Diese wird anschließend gerührt und geschüttelt, bis sich die Fetttröpfchen verbinden und zu kleinen Klümpchen werden. Diese Klümpchen holt man dann heraus und knetet sie zu größeren Butterstücken. In der Molkerei kann man das aber nicht so gut sehen. Daher probieren wir es einfach selbst aus:

Etwas Sahne in ein kleines Marmeladenglas geben und den Deckel gut verschließen. Jetzt das Glas fest auf und ab schütteln. Hier ist etwas Geduld gefragt, denn es kann ein paar Minuten dauern, bis sich eine Veränderung zeigt. Die Kinder können sich, wenn die Lust am Schütteln nachlässt, prima damit abwechseln. Der Partner beobachtet den Inhalt. Bald stellt er fest, dass sich die Sahne verändert. Kleine Flöckchen trennen sich von der weißen Flüssigkeit ab.
Jetzt ist es Zeit, die Flöckchen aus dem Glas in eine kleine Schüssel zu geben und sie zu einem Stück Butter zu kneten. Hierzu können auch die Flöckchen von mehreren Kindern zusammengegeben werden – fertig ist die Butter. Die Kinder können die selbst gemachte Butter auf eine Scheibe Brot schmieren und nach Geschmack mit frischen Kräutern bestreuen. Lecker!!

Übrigens: Die weiße Flüssigkeit ist Buttermilch. Sie schmeckt etwas säuerlich und ist als Getränk pur für Kinder gewöhnungsbedürftig. Sie lässt sich aber mit frischen Früchten (z.B. Erdbeeren, Blaubeeren, …) und etwas Zucker prima zu einem leckeren Buttermilch-Shake verarbeiten, den auch Kinder gerne mögen.

Erklärung: Durch das Schütteln werden die Fettkügelchen in der Sahne zerstört. Die Hülle, die das Fettkügelchen umgibt, bricht auf und das Fett tritt aus. Das Fett verklebt zu kleinen Klümpchen und trennt sich von der weitgehend fettfreien Buttermilch.

Tag des Butterbrots

Jeder letzte Freitag im September ist ein ganz besonderer Tag. Bäckereien erinnern dann an eine heute selten gewordene Zwischenmahlzeit: das Butterbrot.

Ein Butterbrot mit selbst geschlagener Butter – ein Erlebnis.

Denn mittlerweile muss sich die beschmierte Scheibe, je nach Region auch liebevoll Stulle, Schnitte, Kniffte, Bütterken oder Fieze genannt, gegen andere Pausenmahlzeiten behaupten. Dabei schmeckt kaum etwas besser als frisches Brot mit etwas Butter. Probieren Sie es einfach mal aus – am besten mit verschiedenen Buttersorten wie Süßrahmbutter, Sauerrahmbutter, mild gesäuerter Butter oder Kräuterbutter – und erschmecken Sie dabei die Unterschiede. Verfeinern Sie Ihr Butterbrot mit Kräutern der Saison, wie zum Beispiel Schnittlauch.

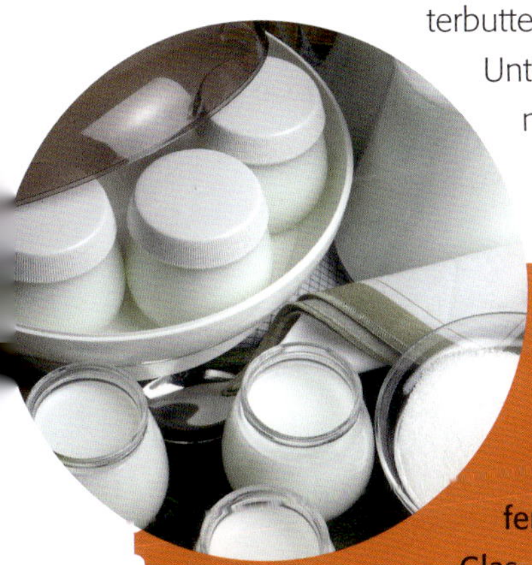

Joghurt selbst machen

Joghurt kennen die meisten Kinder fertig aus dem Becher oder aus dem Glas. Dabei ist es sehr einfach, Joghurt selbst zu machen. Am besten funktioniert es mit H-Milch. Ein Liter Milch wird auf Handwärme (ca. 35 °C) erhitzt und mit einer Messerspitze probiotischer Joghurtkultur aus dem Reformhaus verrührt. Hat man keine Joghurtkultur bekommen, kann man auch zwei Esslöffel Naturjoghurt verwenden, der mit der Milch vermischt wird. Da probiotischer Joghurt von Natur aus flüssiger ist als anderer, kann man noch zwei Esslöffel Magermilchpulver hinzugeben.
Dies macht den Joghurt fester.
Diese Mischung füllt man in kleine Gläser, die man mit einem Deckel gut verschließt, stellt sie in eine Kühltasche und umwickelt sie mit einem dicken Tuch. Nach etwa acht bis zehn Stunden ist der Joghurt fertig und sollte dann im Kühlschrank gelagert werden. Hier hält er sich etwa eine Woche.

Milchprodukte schmecken und sind wichtig für die Entwicklung der Kinder.

Von kleinen und großen Ferkeln

Das Schwein gilt als eines der Glückssymbole schlechthin. Zu Silvester verschenken wir die Tiere aus Marzipan, als Zeichen für ein glückliches und erfolgreiches neues Jahr. Wenn jemand viel Glück hatte, sagt man »Schwein gehabt!«. Vermutlich geht der Ausdruck auf den mittelalterlichen Brauch zurück, bei Wettkämpfen dem schlechtesten Teilnehmer als Trostpreis ein Schwein zu schenken. Obwohl er also der Verlierer war, hatte der trotzdem noch Schwein gehabt.

Schweine sind nur noch durch Redewendungen und Bräuche fest in unserem Alltag verwurzelt. Die Zeiten, in denen viele Familien, auch in den Städten, Schweine mästeten, sind lange vorbei. Doch auch auf dem Land bekommt man Schweine nicht mehr zu sehen. Denn anders als Kühe leben Schweine heute fast ausschließlich in Ställen. Das war nicht immer so.

BILD OBEN: Schweine sind von Natur aus sehr neugierige Tiere.

Schweine hüten

Lange Zeit lebten die Hausschweine fast wie ihre Vorfahren, die europäischen Wildschweine, in Wäldern. Von einem Schweinehirten bewacht, ernährten sie sich von Eicheln, Bucheckern, Pilzen und anderen Wildfrüchten. Die Tiere hatten ein dichtes Fell, waren kurz und gedrungen und vor der Schlachtung um die 200 Kilogramm schwer. Denn fettes Schweinefleisch stand hoch im Kurs. Im Laufe der Zeit haben sich aber die Ernährungsgewohnheiten geändert, und damit auch das Schwein und deren Haltung. Denn der Trend ging zu immer magererem Fleisch.

Die Haltung der Schweine in Ställen führte dazu, dass sie sicher vor wilden Tieren waren und dass man ihre Ausscheidungen als wertvollen Dünger verwenden konnte. Gleichzeitig waren sie so vor Witterungseinflüssen geschützt und ein warmes dichtes Fell war nicht

Kleines Schweine-Lexikon:

Schwein ist der Oberbegriff für alle männlichen und weiblichen Tiere. Als **Ferkel** bezeichnet man Jungtiere bis 25 kg. **Läufer** sind junge Mastschweine mit einem Gewicht zwischen 25 und 50 kg. Als **Jungsau** bezeichnet der Landwirt ein weibliches Schwein ab der Geschlechtsreife bis zu seinem ersten Wurf. **Mastschwein** ist ein männliches oder weibliches Schwein mit einem Gewicht von mehr als 50 kg. **Muttersau** ist ein weibliches Schwein, das bereits Ferkel geboren hat. Als **Eber** bezeichnet man ein männliches Schwein ab 18 Monaten. **Börge** ist ein kastriertes Tier.

mehr notwendig. Daher züchtete man die Schweine weitgehend ohne dunkle Haare, die bei der Lederherstellung sonst aufwendig entfernt werden mussten. Aus diesem Grund haben heute die meisten Schweinerassen kein dichtes Fell, sondern nur wenige Borsten.

Muttersauen

In der Schweinehaltung unterscheidet man zwischen der Schweinemast und der Haltung von Muttersauen. Ziel der Muttersauenhaltung ist es, Ferkel zu erzeugen, die später gemästet werden. Nach einer Tragezeit von drei Monaten, drei Wochen und drei Tagen bringt eine Sau acht bis 14 Ferkel zur Welt. Damit sich die Jungtiere gut entwickeln, stehen ihnen Wärmelampen, ein kuscheligen Ferkelnest oder sogar beheizte Matratzen zur Verfügung. Zum Säugen bleiben die Ferkel 21–35 Tage bei der Mutter. Anschließend leben die Tiere in Kleingruppen zusammen, ehe sie an Mastbetriebe verkauft werden.

Schweinemast

Hier besteht eine Gruppe aus 10–45 Tieren, die sich ein Abteil im Stall teilen. Die Ställe sind gut belüftet, da die Tiere ein gutes Stallklima benötigen. Als Futter erhalten sie eine Mischung aus Getreideschrot, das mit Wasser angerührt wird. Über Rohrleitungen kommt es 3–4-mal täglich direkt in den Stall. Nach etwa 10 Lebensmonaten hat ein Schwein ein Gewicht von etwa 110 Kilogramm erreicht und kann geschlachtet werden.

In Deutschland gibt es in der Schweinehaltung starke regionale Schwerpunkte. Die meisten Tiere werden in Nordwestdeutschland in den Landkreisen Vechta und Oldenburg gehalten. In Süddeutschland sind Baden-Württemberg und Bayern Zentren der Schweinehaltung. Schweine werden bei uns fast ausschließlich wegen ihres Fleisches gehalten.

BILD OBEN: Schweinehaltung findet überwiegend in Ställen statt. Nur selten kann man die Tiere draußen erleben.

+++ Ausprobieren +++ Ausprobieren +++

Mit einem Ferkel kuscheln?

Manche Tiere laden so richtig zum Streicheln und Kuscheln ein. Bei einer Katze, einem Hund, Meerschweinchen oder Kaninchen ist es das weiche, flauschige Fell, das uns dazu verlockt. Bei anderen Tieren sagt uns der Körperbewuchs eher: Vorsicht! Besser nicht berühren! So beim Igel, den man besser nur mit dicken Handschuhen anfasst. Aber wie ist es bei Schweinen, vor allem bei jungen Ferkeln? Süß sehen sie ja aus und sie kommen auch gerne an den Zaun der Box oder des Auslaufs. Aber wie fühlen sich die Tiere denn an? Ist die Haut eher glatt, wie die beim Menschen? Sind die Borsten eher weich wie lange Haare oder doch stachelig wie ein Drei-Tage-Bart? Ist der Rüssel kalt und feucht, wie beim Hund? Mögen Schweine überhaupt gestreichelt werden?

Sind Schweine wirklich Schmutzfinken?

Über jemanden zu sagen »Der stinkt wie ein Schwein!« oder »So ein Ferkel«, ist nicht sehr fein. Aber jeder von uns hat schon einmal solche Ausdrücke gehört. Denn Schweine gelten im Allgemeinen als stinkend und schmutzig, also als unsaubere Tiere. Tatsächlich suhlen sich Schweine gerne im Schlamm. Das tun sie aber nicht, weil sie gerne dreckig sind, sondern weil dies für sie die einzige Möglichkeit ist, Insekten und Parasiten zu bekämpfen.

Außerdem können Schweine nicht schwitzen. Bei Temperaturen über 20 °C kommt es daher bei ihnen zu einem Hitzestau. Um ihre Körpertemperatur trotzdem regulieren zu können, nutzen sie Schlamm oder Wasser zur Abkühlung. Sie suhlen sich. Anschließend lassen sie den feuchten Schlamm gern an ihrem Körper trocknen. An einem Baum oder Scheuerpfahl entfernen sie anschließend die Kruste.

Schweine-Toilette

Aber wie ist es mit ihren Ausscheidungen? Bestimmt lassen sie sie dort fallen, wo die Tiere gerade stehen. Weit gefehlt. Das kann man, wenn man sich etwas Zeit nimmt, sehr gut in einem Abteil mit Ferkeln beobachten. Denn bestimmte »Wohnbereiche« wie »Esszimmer« und »Schlafzimmer« sind hier bereits vorgegeben: An einer Stelle gibt es Wasser und Futter, an einer anderen ist der Schlafbereich mit einer Wärmelampe. Aber wo ist die Toilette?

Tatsächlich haben die Tiere eine ganz bestimmte, kleine Ecke, in der sie ihr Geschäft erledigen. Der Bereich ist meist so weit wie möglich von der Futterstelle und vom Schlafplatz entfernt. Wer sich nicht daran hält und ein kleines »Dreckschwein« sein will, bekommt dann von seinen Mitbewohnern eins auf den Rüssel. Also: Auch wenn sie manchmal dreckig aussehen, mit der Hygiene nehmen es die Schweine sehr genau!

Schweine sind keine Schmutzfinken. Schlammkuhlen nutzen sie zur Abkühlung.

Schweine lassen sich gerne anfassen und sind sehr neugierig

Gerade Ferkel kann man gut streicheln, ohne dass das Tier sofort wegläuft. Es gibt sogar Landwirtinnen und Landwirte, die Ferkel mit in die Schule bringen, damit die Kinder die Tiere kennenlernen und anfassen können. Aber wie fühlt sich ein Ferkel wirklich an? Auf dem Bauernhof kann man es herausfinden.

Ich wollt', ich wär ein Huhn

Der Hahn, hoch oben auf dem Misthaufen, mit einer Schar Hühnern, die nach Würmern suchen, ist in nahezu allen Kinderbüchern über den Bauernhof zu finden. In der Realität ist dieses idyllische Bild kaum mehr anzutreffen, da die meisten Höfe entweder nur Hühner oder nur einen Misthaufen haben.

Trotzdem trifft man Hühner beim Spazierengehen noch vergleichsweise häufig an. Nicht nur in eingezäunten Gehegen auf Bauernhöfen, auch in Privat- oder Schrebergärten werden manchmal Hühner gehalten. Die Eier dienen aber meist nur der Eigenversorgung und werden kaum in Läden verkauft. Die Eier, die wir in Supermärkten kaufen können, stammen meist aus großen Hühnerhaltungen mit mehreren Zehntausenden von Tieren, die mit dem traditionellen Bild der Landwirtschaft nichts mehr zu tun haben und oft großen Konzernen gehören. Nur vereinzelt findet man noch eine mittelständige, landwirtschaftliche Eiererzeugung.

BILD OBEN: Immer mehr Hühner leben in Freilandhaltung, auch in größeren Beständen.

Wie Hühner wirklich sind

Je nach Rasse wiegt ein Haushuhn zwischen einem und fünf Kilogramm. Typisch ist der rote Kamm der Tiere, der bei der Henne wesentlich kleiner ist als beim Hahn. Die Beine und Füße der Tiere haben keine Federn. Drei Zehen sind nach vorne gerichtet, die vierte nach hinten. Einmal pro Jahr wechseln Hühner ihr Federkleid, was man Mauser nennt. Hühner wirken oft sehr hektisch, was mit der Unbeweglichkeit ihrer Augen zu tun hat. Dies zwingt die Tiere dazu, ihre Umgebung durch schnelle Bewegungen des Kopfes »abzuscannen«.

Kleines Hühner-Lexikon:

Huhn ist der Oberbegriff für alle männlichen und weiblichen Tiere. Der **Hahn** ist das männliche Tier und führt eine Gruppe von Hennen. Als **Henne** bezeichnet man das weibliche Tier. Die Jungtiere nennt man **Küken**. Eine **Junghenne** ist ein weibliches Tier im Alter von 9 Wochen bis zum Einsetzen der Legereife im Alter von etwa 20 Wochen. **Hähnchen** oder **Broiler** sind Masttiere beiderlei Geschlechts mit einem Gewicht von 800–1.200 g und einem Alter von 5–7 Wochen. Als **Poularde** bezeichnet man ein Masthuhn in Alter von 7–12 Wochen und einem Gewicht von 1.200–2.500 g und mehr.

Wie Hühner heute gehalten werden

Gerade auf kleineren Bauernhöfen, auf biologisch bewirtschafteten Betrieben oder Schul- und Lernbauernhöfen kann man Hühner in kleinen Gehegen oder Ställen finden. Oft haben sie einen Auslauf und sind so ein echter Anziehungspunkt für Kinder. Große Geflügelanlagen können im Regelfall hingegen kaum besichtigt werden.

Die Haltung von Legehennen in engen Käfigen ist in Deutschland inzwischen verboten, da diese als nicht tiergerecht erachtet wird. Stattdessen leben die Tiere heute in Boden- oder Freilandhaltung. In der Bodenhaltung haben die Tiere deutlich mehr Platz als im Käfig. Zwei Drittel der Stallfläche sind mit Sitzstangen ausgestattet, auf denen die Hühner sitzen und schlafen können. Ein Drittel der Fläche steht als Scharrraum zur Verfügung.

In der Freilandhaltung haben die Tiere zusätzlich noch die Möglichkeit, auf eine Außenfläche zu gelangen, die begrünt sein sollte. Pro Tier müssen hier vier Quadratmeter im Auslauf zur Verfügung stehen. Ein Vorteil dieser Haltungsform ist die große Bewegungsfreiheit, Nachteil ist, dass die Tiere den eigenen sowie den Ausscheidungen wild lebender Tiere ausgesetzt sind. Dies erhöht den Krankheitsdruck und damit den Einsatz von Medikamenten. Die Hennen erhalten speziell abgestimmte Futtermischungen, die es ihnen ermöglichen, etwa 300 Eier pro Jahr zu legen.

In der Broilermast leben die Tiere in großen, geschlossenen Ställen, die im Winter beheizt werden können. Nach 32–38 Tagen erreichen die Hähnchen ein Endgewicht von 1,5–2 kg. Nach dem Ausstallen der Tiere wird der Stall entmistet, gesäubert und anschließend desinfiziert, ehe ein neuer Mastdurchgang beginnt.

BILD OBEN: Eine Glucke mit Küken kann man auf Schul- oder Erlebnisbauernhöfen finden.

+++ Ausprobieren +++ Ausprobieren +++

Hühner beobachten

Es gibt sie immer noch! Manchmal stößt man beim Spazierengehen oder beim Fahrradfahren auf einen Hühnergarten, so wie man ihn von früher oder aus dem Bilderbuch kennt. Hier lohnt es sich, anzuhalten und sich die Zeit zu nehmen, die Tiere genauer zu beobachten. Vor allem für kleinere Kinder haben Hühner eine sehr große Attraktivität. Leicht lassen sich in kurzer Zeit die typischen Verhaltensweisen des Federviehs studieren.

Ist hier noch ein Ei versteckt? Eier einsammeln macht jedem Kind Spaß.

Umgeben von einem hohen Zaun, scharen sich die Hühner unter Büschen als Schutz vor Greifvögeln zusammen. Gras sucht man in vielen Hühnergärten vergebens, denn die Tiere lieben das zarte Grün, und sobald sich ein Halm blicken lässt, ist er auch oft schon verspeist. Die kahle Fläche ist zudem geprägt durch zahlreiche Vertiefungen und Mulden. Hühner benutzen sie, um darin im Staub und Sand zu baden. Dies ist für sie eine gute Möglichkeit, sich von Ungeziefer, das in ihrem Gefieder lebt, zu befreien.

Die Sache mit der Hackordnung

Bei längerer Beobachtung kann man gut die Hackordnung, die in jeder Hühnerschar herrscht, erkennen. Als Ergebnis wird man feststellen, dass häufig ein einziges Huhn alle anderen Hühner hackt und selten selbst gehackt wird. Andererseits gibt es ein einziges Huhn, das von allen anderen gehackt wird und nie oder nur selten nach anderen Hühnern hackt.

So kann man beobachten, welches das ranghöchste und welches das rangniedrigste Huhn ist. Alle anderen Hühner haben ihren Platz zwischen den beiden Extremen. Rangniedrigere Hühner lassen sich ohne große Gegenwehr von ranghöheren Tieren vom Futterplatz vertreiben. Dies kann man sehen, wenn man etwas Gras über den Zaun wirft. Die Tiere, die sofort beim Futter sind, werden schnell von den ranghöheren Hühnern verscheucht.

Eier einsammeln

Dürfen Kinder auf dem Bauernhof beim Eiereinsammeln helfen, sind sie mit Feuereifer dabei. Oft legen die Hühner ihre Eier in dafür vorgesehene Legenester, doch manchmal findet man sie auch an anderen Orten, wo man ein bisschen suchen muss. Schnell stellen die Kinder fest, dass nicht alle Eier gleich aussehen oder gleich schwer sind. Mit einer genauen Waage können die Kinder das Gewicht der Eier messen.

Das durchleuchtete Ei

Damit ein Ei verkauft werden darf, muss die Schale vollständig intakt sein. Doch mit dem bloßen Auge kann man nicht alle Beschädigungen sehen. Daher durchleuchtet der Landwirt alle Eier nach dem Einsammeln mit einer starken Lampe und prüft, ob sie in Ordnung sind. Dies können Sie mit Kindern ganz einfach nachvollziehen. An eine lichtstarke Taschenlampe klebt man oben einen lichtundurchlässigen Trichter aus schwarzem Karton, sodass sich ein Ei darauf setzen lässt. Jetzt kann man die Eier gut durchleuchten. Dabei kann man auch die feinsten Risse erkennen und sogar einen Blick in das Ei werfen. Gut erkennt man im Regelfall die Luftkammer sowie den Dotter.

Wenn Eier schwimmen

Ob Eier frisch sind, kann man ganz einfach feststellen, sogar ohne sie zu zerbrechen. Da die Eierschale porös ist, wird mit der Zeit die Luftkammer, welche sich am dicken Ende befindet, immer größer. Legt man die Eier nun in ein Glas mit Wasser, so bleiben die frischesten Eier auf dem Boden liegen.
Richtet sich das stumpfe Ende etwas auf, ist das Ei schon etwas älter, kann aber noch unbedenklich gegessen werden.
Schwimmt das Ei aber auf dem Wasser, sollte man es besser nicht mehr verzehren.
Am deutlichsten funktioniert der Versuch, wenn Sie ein markiertes Hühnerei mehrere Wochen zu Hause ungekühlt lagern und mit einem frischen Ei vergleichen.

Schmuck aus Hühnerfedern

Hühner verlieren immer wieder ein paar Federn, nicht nur in der Mauser. Sammeln Sie mit den Kindern die unterschiedlichen Federn ein und reinigen Sie diese gegebenenfalls von Verschmutzungen. Schnell fällt den Kindern auf, dass es lange, harte und kleine, weiche Federn gibt. Überlegen Sie gemeinsam mit den Kindern, von welchen Körperteilen des Huhns diese stammen könnten. Aus den Federn lassen sich anschließend schöne Schmuckstücke oder Dekorationen als Erinnerung basteln. Der Kreativität sind hier keine Grenzen gesetzt.

Federn lassen sich vielfältig verwenden. Aus ihnen kann man Fantasietiere oder Traumfänger basteln.

Das liebe Federvieh

Gänse

Die heutige Hausgans mit ihrem zumeist weißen Federkleid stammt von der wild lebenden europäischen Wild- oder Graugans ab. Heute gibt es in Deutschland 13 verschiedene Gänserassen mit unterschiedlicher Größe und Farbe. Anders als Enten werden Gänse überwiegend in kleinen Herden gehalten. Zur Weidesaison, die im Frühling beginnt, kommen die Tiere mit einem Alter von acht Wochen ins Freiland. Wenn nicht mehr als 50–70 Tiere auf einem Hektar stehen, können sich die Tiere im Sommer ausschließlich von Grünfutter dieser Fläche ernähren. Erst zur Endmast, die etwa 4–6 Wochen vor der Schlachtung erfolgt, kommen die Tiere wieder in den Stall, wo Getreide zugefüttert wird. Geschlachtet werden die Gänse von Anfang November (Sankt Martin) bis Weihnachten. Sie wiegen zu diesem Zeitpunkt zwischen fünf und zwölf Kilogramm und werden direkt ab Hof oder auf dem Wochenmarkt verkauft. Die in den Supermärkten angebotenen tiefgefrorenen ganzen Tiere oder Teilstücke stammen überwiegend aus dem europäischen Ausland.

BILD OBEN: Gänse werden bei uns überwiegend in kleinen Herden gehalten.

Enten

Bauernhöfe mit Enten und Gänsen auf einem Teich, ähnlich wie im Bilderbuch, sind in manchen Gegenden immer noch zu finden. Gerade entlang von Wander- oder Fahrradwegen übt dieses Bild einen großen Reiz, nicht nur auf Kinder, aus. Denn das muntere Völkchen hat einen hohen Unterhaltungswert. Meist sind es kleinere landwirtschaftliche Betriebe, die sich mit der Geflügelzucht einen saisonalen Zuerwerb sichern und die Tiere im Herbst ab Hof verkaufen. Bei den Enten unterscheidet man zwei Ententypen: die Landente mit einer waagerechten Körperhaltung und die Pinguinente mit einer aufrechten Haltung und hoher Lauffreudigkeit. Die Geschlechter haben unterschiedliches Gefieder, denn das Männchen besitzt das

Prachtkleid, während das Weibchen eher unscheinbar wirkt. Vor Kälte und Nässe schützen sich die Tiere mit etwa 10.000 Daunen und Deckfedern. Die Gewinnung von Federn spielt in Deutschland bei der Haltung jedoch kaum eine Rolle.

Enten werden hauptsächlich wegen ihres Fleisches gemästet. Die Tiere leben heute bei der Intensivhaltung überwiegend in Ställen. Nach einer Aufzuchtphase von sechs Wochen folgt die eigentliche Mastperiode. Die Dauer der Mast ist von dem angestrebten Endgewicht abhängig, das zwischen zwei und fünf Kilogramm liegt.

Puten

Pute und Truthahn sind unterschiedliche Begriffe für das größte und schwerste Hausgeflügel. Während man das Tier in Norddeutschland »Pute« nennt, sagt man im Süden »Truthahn«. Die Tiere stammen ursprünglich aus Nordamerika und Mexiko. Dort hatten sie ein dunkles Gefieder, heute dominieren die weißen Rassen, die leicht zu züchten sind und schnell heranwachsen. Puten besitzen einen kräftigen Körper mit breiter Brust und einen vergleichsweise kleinen, roten und ungefiederten Kopf, der mit Warzen besetzt ist. Die Tiere werden ausschließlich wegen ihres Fleisches gehalten.

Puten sieht man nur selten im Freiland, denn die Intensivhaltung erfolgt in großen Ställen. Zudem sind die Tiere sehr krankheitsanfällig. Die Putenküken stammen aus Brütereien, die sich auf die Haltung von Elterntieren und die Brut der Eier spezialisiert haben. Die Aufzucht der Küken dauert sechs Wochen.

Die Mast mit Futtermischungen aus Getreide und pflanzlichem Eiweiß dauert 10–16 Wochen. Dann haben die Tiere ihr Schlachtgewicht von 8–18 kg erreicht. Etwa die Hälfte der deutschen Puten wird in kleinen Beständen mit maximal 20 Tieren gehalten. Etwa ein Fünftel stammt aus großen Anlagen mit über 5.000 Tieren.

BILDER OBEN: Enten und Puten leben in der Mehrzahl in Ställen. Nur auf kleineren Betrieben findet man sie im Freien.

+++ Ausprobieren +++ Ausprobieren +++

Eine Feder untersuchen

Federn sind Meisterwerke der Natur. Doch Feder ist nicht gleich Feder. Denn je nach Lage unterscheidet man zwischen Konturfedern, die den äußeren Teil des Federkleides ausmachen, sowie den Unterfedern, auch Daunen genannt, die eine wärmedämmende Schicht am Körper bilden. Beide Arten sind vom Aufbau her unterschiedlich.

Vor allem die Konturfedern, die von Enten oder anderen Vögeln häufig zu finden sind, können Kinder gut untersuchen. Auffällig ist zunächst der lange, harte Mittelteil der Feder, der »Kiel« genannt wird. Er unterteilt sich in den befiederten Teil, den Schaft, und den unbefiederten Part, der »Spule« heißt. Beim genaueren Hinsehen mit einer Lupe erkennt man in der Spule zwei Öffnungen, die Nabel heißen.

Mit Gänsefedern schreiben

Viele Klassiker der Weltliteratur sind mit Federkiel und Tinte verfasst worden. Was bei Harry Potter so magisch aussieht, macht Kindern auch heute noch Spaß und stellte früher das typische Schreibgerät dar. Allerdings waren es keine Adlerfedern, wie sie die Zauberlehrlinge verwenden, sondern die Schreiber vergangener Zeiten mussten mit Gänsen vorliebnehmen. Nicht alle Federn des Tieres sind dafür geeignet. Am besten klappt es mit den fünf äußersten Schwungfedern jedes Flügels, von denen die zweite und dritte am geeignetsten sind.

Eine Feder, die ein Tier verloren hat, ist bereits verhornt und kann leicht gespitzt werden. Ist sie hingegen beim Schlachten angefallen, muss sie noch gehärtet werden. Dazu schneidet man zunächst die Spitze des Kiels ab. In einer feuerfesten Form erhitzt man etwas Sand im Backofen bei 200 Grad für eine Viertelstunde. Im noch heißen Sand dreht man das Ende des Kiels leicht hin und her und lässt es dann abkühlen. Dabei wird die Spitze hart. Mit der Schere schneidet man im nächsten Schritt am unteren Ende der Feder die Federäste so weit zurück, dass sie später beim Eintunken in die Tinte und beim Schreiben nicht stören. Die Seite des Kiels, die beim Schreiben nach unten zeigen wird, schneidet man mit einem scharfen Messer ohne viel Druck schräg ab. Vorsicht, hier kann die Feder leicht brechen! Im Inneren des Federkiels befindet sich ein kleines Häutchen, die sogenannte Seele. Diese wird mit dem Messer herausgezogen. Jetzt schneidet man die Spitze etwa drei Millimeter ein, damit dort die Tinte zusammenfließen kann. Auch hier ist Sorgfalt geboten, da der Kiel leicht einreißen kann.

Zuletzt kann man die Kielspitze noch nachspitzen oder auf eine gewünschte Breite zuschneiden – fertig. Mit etwas Tinte aus dem Tintenfass kann es jetzt losgehen.

Es erfordert aber ein bisschen Übung, bis man klecksfrei die Buchstaben auf das Papier bringt. Wenn die Federspitze vom vielen Schreiben abstumpft, kann man die Feder, wie oben beschrieben, einfach wieder neu spitzen.

Übrigens: Man behauptet, dass Rechtshänder die Federn des linken Flügels der Gans bevorzugen, Linkshänder die des rechten Flügels. Ob das stimmt? Probieren Sie es doch einfach aus!

Hightech-Produkt Feder

Mit der Lupe erkennen die Kinder, dass vom Schaft aus die Äste abgehen. Diese wiederum sehen selbst wie »kleine Federn« aus. Von den Ästen gehen dann die kleinsten Strukturen ab, die Strahlen. Die gesamte Fläche der Äste und Strahlen wird als »Fahne« bezeichnet. Mit einer guten Lupe oder besser noch zu Hause mit einem Binokular kann man die Feinstruktur der Feder erforschen. Im Bereich der Fahne sind die Strahlen zum Schaft hin als glatte Bogenstrahlen, zur Spitze hin als Hakenstrahlen ausgebildet. Die Hakenstrahlen stehen also immer einer benachbarten Reihe von Bogenstrahlen gegenüber. Mit ihren Häkchen greifen sie in Rinnen der von ihnen überdeckten Bogenstrahlen ein, ähnlich wie bei einem Reißverschluss. Auf diese Weise entsteht eine elastische, aber relativ luftdichte Federplatte, die den Vogel trägt. Bei Extrembelastungen reißt diese an der so vorgegebenen Trennlinie wieder auf. Probieren Sie dies aus: Ziehen Sie vorsichtig die befiederte Fläche auseinander, sodass sie reißt. Streichen Sie die Fläche anschließend wieder glatt.

Mit einem Binokular kann man die Feinstruktur von Federn gut untersuchen.

Von Schafen und Ziegen

Schafe – vielseitiger Nutzen

Schafe sind Herdentiere, die natürlicherweise in einer Gruppe von 20–100 Tieren leben. Ein ausgewachsenes Schaf wiegt, je nach Rasse und Geschlecht, zwischen 75 und 200 Kilogramm. Früher wurden Schafe wegen ihrer Wolle beziehungsweise Deckhaare, ihrer Milch und ihres Fleisches gehalten. Heute spielt die Wolle eine untergeordnete Rolle, da Baumwolle oder Kunstfasern die Schafwolle verdrängt haben. Die Kosten für das Scheren eines Tieres sind inzwischen oft höher als der Erlös aus seiner Wolle. Das Haupteinkommen vieler Betriebe stammt heute aus der Fleischproduktion oder Landschaftspflege. Einige Betriebe haben sich auf die Herstellung von Schafskäse oder den Verkauf von Schafsmilch spezialisiert. In Deutschland halten etwa 20.000 landwirtschaftliche Betriebe circa zwei Millionen Schafe der unterschiedlichsten Rassen.

BILD OBEN: In Schafherden kann man häufig auch Ziegen entdecken.

Möglichkeiten der Schafhaltung

Die Wanderschäferei ist der ursprünglich nomadischen Form am nächsten. Sie ist gekennzeichnet durch einen jahreszeitlichen Standortwechsel der Herde. Die Hütehaltung nutzt nahe gelegene Weiden im Sommer, während die Tiere den Winter in einem Stall verbringen.

Am häufigsten ist heute die Koppelschafhaltung. Diese findet auf fest umzäunten Weideflächen statt. Hier müssen die Tiere keine weiten Wege mehr zurücklegen und eine ständige Aufsichtspflicht durch einen Schäfer entfällt. Futtergrundlage der Tiere ist im Sommer die Weide. Im Winter erhalten sie Heu, Gras- oder Maissilage und Kraftfutter.

Schafe gibt es in ganz Deutschland. Regionale Schwerpunkte sind Bayern, Schleswig-Holstein und Baden-Württemberg.

Kleines Schaf-Lexikon:

Schaf ist der Oberbegriff für männliche und weibliche Tiere oder beschreibt ein weibliches Tier. Mit **Bock** oder Widder bezeichnet man ein männliches Tier, das älter als ein Jahr ist. **Hammel** heißt ein männliches kastriertes Tier ab einem Jahr. **Lamm** nennt am ein männliches oder weibliches Tier, das nicht älter als zwölf Monate ist. **Jährling** nennt der Landwirt ein junges, noch nicht gedecktes weibliches Schaf.

Kleines Ziegen-Lexikon:

Ziege ist der Oberbegriff für männliche und weibliche Tiere. **Ziege** oder **Geiß** beschreibt ein weibliches Tier. Ein männliches Tier nennt man **Ziegenbock**. **Zicklein** oder **Kitz** heißt ein männliches oder weibliches Tier bis zu einem Alter von etwa drei Monaten. Das kastrierte männliche Tier bezeichnet der Landwirt als **Mönch**.

Ziegen – vernascht und genügsam

»Wenn du keine Probleme hast, dann schaffe dir eine Ziege an.« Diese afrikanische Weisheit beschreibt das Wesen der Ziege sehr gut. Die Tiere sind intelligent, sehr gute Kletterer und sehr naschhaft. Sie ernähren sich, wenn sie die Auswahl haben, gerne von Blättern und Baumbewuchs und nur in geringem Umfang von Kräutern und Gras. Ist ihr Nahrungsangebot zum Beispiel durch einen Zaun beschränkt, lassen sie sich viel einfallen, um diesen zu überwinden. Für Blätter klettern sie sogar auf Gebäude oder Bäume.

Haben sie keine Wahl, so können sie jedoch auch sehr genügsam sein und kommen dank ihres sehr effektiven Verdauungssystems auch mit geringwertigem Futter oder Küchenabfällen zurecht. Im Sommer können Ziegen auf der gut umzäunten Weide gehalten werden. Die Tiere eignen sich besonders für die Beweidung von Böschungen oder Wegrändern mit einem hohen Kräuteranteil. Als Stallfutter erhalten sie neben frischem Gras auch Heu, Haferstroh, frisches Gemüse, Getreidemischungen und Mineralstoffe.

Lange Tradition der Ziegenhaltung

Da die Tiere neben den geringen Futteransprüchen auch mit wenig Platz auskommen, werden Ziegen auch als die »Kuh des kleinen Mannes« bezeichnet. Sie werden traditionell in bergigen und kargen Landschaften gehalten und können aufgrund ihrer Kletterfähigkeiten auch noch dort Futter finden, wo die Haltung von Rindern nicht mehr möglich ist. Ziegen spielen daher in der Landschaftspflege eine wichtige Rolle.

Ziegen werden wegen ihrer Milch, ihres Fleischs, ihrer Häute oder ihrer Wolle (Angorawolle oder Kaschmirwolle) gehalten. Produkte aus Ziegenmilch stellen gerade für Allergiker einen guten Ersatz für Kuhmilcherzeugnisse dar.

Warum lässt sich Wolle verdrehen und zu langen Fäden spinnen?

Das Geheimnis liegt in der Oberfläche der Schafhaare. Mit einem Mikroskop lässt sich das gut erforschen. Betrachtet man damit verschiedene Haartypen wie Menschenhaar, Schafhaar oder Hundehaar, werden die feinen Haarschuppen sichtbar. Wenn diese stark hervorstehen, ist die Oberfläche deutlich rauer, als wenn sie weniger abstehen. Die Haarschuppen verhaken sich ineinander, wenn man einen Faden dreht. Daraus ergibt sich die Eignung der Wolle zum Spinnen und Filzen. Dreht man Wolle fest zu einem Faden zusammen, lässt sich dieser nur mit Gewalt durchreißen. Dreht man den Faden an einer Stelle komplett auf, ist das Durchreißen plötzlich ein Kinderspiel.

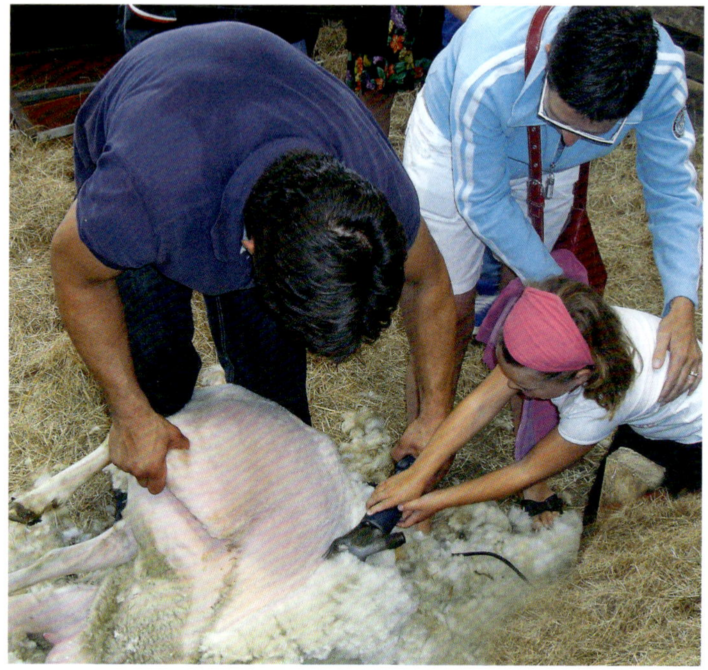

+++ Ausprobieren +++ Ausprobieren +++

Schafe scheren

Einmal im Jahr, meist im Mai oder Juni, werden die Schafe geschoren. Das dichte Winterfell ist den Tieren im Sommer zu warm und muss daher entfernt werden. Der Landwirt setzt das Schaf, das er scheren will, mit dem Po auf den Boden und klemmt es zwischen seine Beine. In dieser Position kann sich das Tier nicht mehr bewegen. Mit einer Schermaschine oder einer Schafschere schert oder schneidet er das dichte Fell ab. Das tut dem Schaf nicht weh. Wie beim Haareschneiden bei uns Menschen merken die Tiere davon nichts. Das Vlies, so nennt man das geschorene Fell der Schafe, fällt auf den Boden und wird anschließend in großen Ballen zum Abtransport gepresst. Sprechen Sie, wenn Sie Schafe auf einer Weide sehen, den Landwirt an und fragen Sie ihn, wann er seine Schafe scheren wird und ob Sie mit den Kindern dabei helfen dürfen.

Basteln mit Wolle

Aus der Wolle können die Kinder schöne Erinnerungsstücke basteln, wie zum Beispiel ein Armband. Etwa 100 g Rohwolle pro Kind, egal ob gewaschen oder ungewaschen, sind dafür nötig. Zwei Kinder tun sich zusammen und zupfen einen rund 1 cm dünnen und 1 m langen Wollstrang aus dem Vlies. Dieser kann sehr lose zusammenhalten, sollte aber möglichst nicht durchreißen.

Die Kinder fassen den Strang etwa in der Mitte und verdrehen ihn von innen nach außen zu einem fest gezwirbelten Faden. Immer

BILD OBEN: Einmal im Jahr werden die Schafe geschoren. Auf manchen Betrieben dürfen die Kinder dabei helfen.

weiter drehend, arbeiten sie sich so lange nach außen, bis jedes Kind ein Ende des Stranges in der Hand hält und der Faden beginnt sich einzurollen. Jetzt darf man keinesfalls die Enden loslassen, sonst muss man von vorne beginnen. Die Kinder stellen sich möglichst weit auseinander. Sie drehen immer weiter, bis sich der Faden stark einrollt. Jetzt den Faden in der Mitte fassen, dabei gleichzeitig die Enden weiter gut festhalten und die Enden zueinanderbringen! Die Mitte nun loslassen und der einfache Faden verdreht sich zu einem doppelten Faden. Am Schluss werden die Enden fest verknotet und am Handgelenk befestigt. Fertig ist das Armband.

Schafe oder Ziegen melken

Auch Ziegen und Schafe geben Milch und lassen sich fast wie Kühe melken. Der wesentliche Unterschied besteht darin, dass Ziegen und Schafe nur zwei Zitzen haben, während die Kühe vier besitzen. Gleichzeitig sind die Tiere deutlich kleiner als die Rinder. Damit wirken sie auf Kinder auch weniger bedrohlich. Auf Bauernhöfen, die Ziegen oder Milchschafe halten, gibt es oft die Gelegenheit, beim Melken zuzusehen oder sogar zu helfen. Zwar werden in größeren Beständen die Tiere mit der Maschine gemolken, oft sind die Tiere aber auch an das Melken mit der Hand gewöhnt.

Der große Milchtest

Gut lassen sich die geschmacklichen Unterschiede zwischen Schafs-, Ziegen- und Kuhmilch feststellen. In neutralen Gläsern serviert, können die Kinder am Aussehen, Geruch und Geschmack raten, welche Milch von welchem Tier kommt. Für das Probieren der Milch sollte diese aber in jedem Fall abgekocht sein.

BILD OBEN: Aus Rohwolle lassen sich schöne Armbänder oder Tiere filzen.

Auf dem Rücken der Pferde

»Im Märzen der Bauer die Rösslein einspannt«. So beginnt eines der bekanntesten Kinderlieder über die Landwirtschaft. Jahrtausende lang war die enorme Zugkraft der Pferde eine wesentliche Grundlage für die Bestellung der Felder und die Ernte. Doch diese Zeiten sind heute längst vorbei. Nicht mehr Pferde ziehen den Pflug oder Wagen, sondern der Traktor. Mit den immer leistungsstärkeren Motoren ist die Arbeitskraft der Pferde auf Bauernhöfen weitgehend überflüssig geworden.

Nur noch in wenigen Bereichen finden Pferde in der Landwirtschaft ihren Einsatz, so zum Beispiel als Rückepferde im Forst. So können schwer zugängliche oder biologisch besonders empfindliche Gebiete schonend bewirtschaftet werden. Ansonsten sind aus den einstigen Arbeitstieren inzwischen fast reine Sport- und Freizeittiere geworden.

BILD OBEN: Pferde sieht man sehr häufig – vor allem in Stadtnähe – auf der Weide.

Pferde für viele Zwecke

Die systematische Zucht der Wildpferde begann vor etwa 7.000 Jahren. Denn schon früh hatte der Mensch die enorme und ausdauernde Kraft der Tiere erkannt, die er sich zunutze machen wollte. So waren Pferde jahrtausendelang aus vielen Arbeiten der Landwirtschaft nicht wegzudenken. Je nach Aufgabenbereich entwickelten sich im Laufe der Zeit verschiedene Rassen heraus.

Dabei unterscheiden sie sich einerseits durch Farbe, Fellmuster und Aussehen wie der Rappe vom Schimmel, der Braune vom Schecken. Zudem besitzen sie auch verschiedene Temperamente und werden somit unterschiedlich eingesetzt. Während Kaltblüter, wie Belgier oder Schleswiger, fast ausschließlich als Zug- und Arbeitstiere eingesetzt wurden, verwendete man Warmblüter oder Vollblutpferde vor allem als Reitpferde.

Kleines Pferde-Lexikon:

Pferd ist der Oberbegriff für die Tiere beiderlei Geschlechts. Als Stute bezeichnet man ein weibliches Pferd. Hengst ist ein männliches Pferd. Wallach ist die Bezeichnung für ein kastriertes männliches Tier. Fohlen sind die Jungtiere unter einem Jahr. Maulesel nennt man das Tier einer Kreuzung aus einer Eselstute und einem Pferdehengst. Ein Maultier hingegen ist das Kreuzungsergebnis aus einer Pferdestute und einem Eselhengst. Kaltblüter nennt man Pferderassen mit einem hohen Körpergewicht und einem ruhigen Temperament.

Heute gibt es Pferderassen mit einer Schulterhöhe, auch »Widerrist« genannt, zwischen 70 und 210 cm, wobei Pferde unter 148 cm als Kleinpferde oder Ponys bezeichnet werden. Das Gewicht der Tiere kann zwischen 90 und 1.200 kg liegen. Stuten werden mit 12–18 Monaten geschlechtsreif, Hengste erreichen die Geschlechtsreife zwischen dem 12. und 20. Lebensmonat. Die Tragezeit dauert bei allen Pferden rund 330 Tage. Pferde sind typische Herden- und Fluchttiere, die in freier Wildbahn von einem Leithengst angeführt werden.

Eine Pension für Pferde

In ihrer Rolle als Freizeittier sind sie in der Landschaft sehr präsent. Auf vielen Weiden, gerade in der Umgebung von städtischen Regionen, kann man oft mehr Pferde entdecken als Kühe oder Schafe. Denn viele Landwirte haben erkannt, dass mit der Pensionshaltung von Pferden gutes Geld zu verdienen ist. Sie stellen dabei ihre Ställe, Flächen und ihre Kenntnisse in der Pferdehaltung zur Verfügung und bieten Stellplätze für die Tiere an. Hier ist die Haltung in Einzelboxen heute der Normalfall. Die meisten Reitpferde sind in einem Stall untergebracht, in dem sie eine Box von mindestens 3 mal 3 Metern für sich haben, in der sie sich frei bewegen können.

Zu jedem guten Reitstall gehören heute Weiden, auf denen die Pferde sich in der Weidezeit von etwa Mitte April bis Mitte Oktober stundenweise frei bewegen und grasen können. Für die restliche Zeit des Jahres sollten sogenannte Paddocks – umzäunte, unbepflanzte Auslaufflächen – zur Verfügung stehen, um den Pferden auch im Winter zumindest eine eingeschränkte Bewegung zu ermöglichen. Neben dem Boxenstall gibt es auch die Offenstallhaltung, bei der sich die Pferde jederzeit zwischen dem geschützten Stallbereich und dem offenen Außenbereich hin- und herbewegen können.

BILD OBEN: Als Arbeitstiere werden Pferde heute nur noch im Forst vereinzelt als Rückepferde eingesetzt.

+++ Ausprobieren +++ Ausprobieren +++

Mit Pferden kann man mehr als reiten

Pferde lassen fast jedes Kinderherz höherschlagen. Vor allem Mädchen können nicht genug von den Vierbeinern bekommen. Viele von ihnen würden von morgens bis abends am liebsten die gesamte Zeit im Stall verbringen und sogar nachts noch auf dem Stroh bei ihnen schlafen wollen.

Höfe mit Pferden bieten oft eine große Vielfalt von Aktivitäten rund um die Tiere an. Einfach nur reiten ist hier inzwischen den meisten Betrieben nicht genug. Die Palette reicht vom Voltigieren über Erlebnisritte, Schnitzeljagden mit dem Pferd, Rätselrallyes, Reit- und Geschicklichkeitsspielen, Kutschfahrten bis hin zu Abenteuerritten mit Lagerfeuer und Picknick.

Anfassen ja, füttern nein!

Keinesfalls sollte man zu den Tieren auf die Weide gehen, Tore öffnen oder Pferde auf der Weide füttern. Denn sie werden vom Besitzer mit allem versorgt, was sie brauchen. Falsches oder zu reichliches Futter, auch wenn es gut gemeint ist, kann bei den Tieren schnell zu lebensgefährlichen Koliken führen. Zudem kann Futterneid auch beim bravsten Tier dazu führen, dass es zum »Schläger« oder »Beißer« wird. Damit wird es nicht nur zur Gefahr für die anderen Pferde auf der Weide, sondern auch für menschliche Finger!

Was brauchen Pferde, damit sie sich wohlfühlen?

Alle Pferdefreunde möchten, dass es den Tieren gut geht. Man sieht sehr schnell, ob sich Pferde wohlfühlen oder nicht. Neben genug Auslauf, frischer Luft und gutem Futter ist vor allem eine saubere Box sehr wichtig. Da Pferde sieben Tage die Woche ihre Äpfel fallen lassen, ist es notwendig, auch jeden Tag sauber zu machen. Was nach einer lästigen Arbeit klingt, macht Spaß und ist eine wichtige Aufgabe, da die Kinder hier lernen, Verantwortung zu übernehmen und so einen engen Kontakt zum Tier herstellen.

Zunächst muss das Pferd aus der Box geführt werden, damit es nicht aus Versehen mit der spitzen Gabel verletzt wird. Idealerweise bringt man es nach draußen auf die Weide oder den Paddock oder man bindet es in der Boxengasse fest. Nachdem man sich die Schubkarre bereitgestellt hat, beginnt man alle Pferdeäpfel und das nasse Stroh aufzuladen. Es ist wichtig, dass alles verschmutzte Stroh entfernt wird. Trockenes, sauberes Stroh kann in der Box bleiben. Es wird während des Mistens in einer bereits sauberen Ecke zwischengelagert.

Bei der Einstreu wird das frische Stroh nicht einfach in die Mitte der Box geworfen, sondern gleichmäßig von innen nach außen verteilt und an den Wänden entlang angehäuft. Dies verhindert das Festliegen der Pferde. Jetzt kann das Pferd zurück in die Box geführt werden. Am Ende sollte man das Fegen der Boxengasse nicht vergessen – damit sich neben dem Pferd auch die anderen Reiter wohlfühlen.

Pferde auf der Weide beobachten

Fast überall in der Nähe von Städten oder größeren Ortschaften kann man Pferde auf der Weide beobachten. Oft kommen die Tiere auch gerne an den Zaum und lassen sich streicheln. Dabei sollte man aber einige Regeln beachten und das Mienenspiel der Tiere genau beobachten. So sind eine besonders lange Oberlippe und konzentriert nach vorn gerichtete Ohren Ausdruck von Spiellaune und Neugierde. Hingegen signalisieren ein geschlossenes oder angespanntes Maul mit langer Nüsternpartie sowie eng an den Hals angelegte Ohren eine negative Stimmung wie Missfallen oder Furcht. Wenn das Pferd droht, zieht es die Nasenwinkel schmal und nach hinten, die Lippen sind mit nach unten gezogenen Mundwinkeln geschlossen. Außerdem legt das Pferd die Ohren an. In diesen Fällen heißt das: Vorsicht! Jetzt besser nicht anfassen!

Pferdebetriebe bieten zahlreiche Aktivitäten für Kinder an.

Fleißige Bienen und dumme Esel

Bienen

Diese kleinen, unscheinbaren Insekten sind nach den Rindern und Schweinen das drittwichtigste landwirtschaftliche Nutztier weltweit. Es ist aber nicht der von ihnen erzeugte Honig, der sie dazu macht, sondern vielmehr Ihre enorme Leistung beim Bestäuben von Nutzpflanzen. Die Bienenhaltung oder Imkerei stellt eine Spezialform der Landwirtschaft dar. Es sind aber nur vergleichsweise wenige Imker, die ihren Lebensunterhalt ausschließlich damit bestreiten. Die überwiegende Mehrzahl der Bienenvölker wird im Nebenerwerb oder als Hobby gehalten.

So funktioniert der Bienenstaat

Bienen versorgen den Menschen schon seit vielen Jahrtausenden mit Honig. Früher lebten die Bienen wild in ausgehöhlten Baumstämmen, die Haltung in Körben oder anderen vom Menschen hergestellten Wohnstätten ist vergleichsweise neu.

BILD OBEN: Bienen sind unerlässlich für die Bestäubung unserer Nutzpflanzen.

In jedem Volk lebt eine Königin, die für den Nachwuchs sorgt, mit mehreren tausend Arbeiterinnen zusammen. Das Bienenvolk überwintert mit etwa 5.000 Arbeiterinnen, die die Königin warm halten und mit Futter aus den Vorräten vorsorgen. Im Sommer kann ein Volk aus weit über 50.000 Arbeiterinnen bestehen, die mit der Brutpflege, dem Sammeln von Nektar und Pollen, der Betreuung der Königin, der Bewachung des Bienenstocks, dem Wasserholen oder dem Bau von Waben beschäftigt sind. In dieser Zeit sind die Tiere im wahrsten Sinne des Wortes bienenfleißig. Pro Bienenvolk sammeln sie bis zu 50 kg Honig pro Jahr.

Ohne Bienen kein Obst

Enorm ist die Leistung, die sie bei der Bestäubung unserer Nutzpflanzen verrichten. Viele Obstsorten sind hier auf die Bienen angewiesen. Ohne die Nutzinsekten läge der Ertrag bei Kirschen und Äpfeln nur bei einem Drittel, bei Birnen sogar nur bei einem Zehntel gegenüber den Mengen, die mit Bienen erzielt werden. Daher ist es nicht verwunderlich, dass die weltweite Bestäubungsleistung der Honigbiene auf rund 150 Milliarden Euro pro Jahr geschätzt wird.

Exotische Rinder

Immer mehr landwirtschaftliche Betriebe suchen für sich eine Nische, in der sie Produkte anbieten, die nur wenige andere Höfe produzieren. Andererseits halten zunehmend Menschen die verschiedensten Tiere als Hobby. Daher ist es heute nicht weiter verwunderlich, wenn wir auf Weiden auch Tiere entdecken, die nicht so richtig in unser Bild der einheimischen Landwirtschaft passen.

Verschiedene »exotische« Rinderarten kann man inzwischen häufig auf Weideflächen finden. Dazu gehören die Zebu-Rinder mit ihrem typischen Buckel oder die kleinen, zotteligen Highland-Rinder. Die Tiere sind sehr anspruchslos und können fast ganzjährig im Freien gehalten werden. Sie eignen sich besonders, um steile oder feuchte Flächen von Bewuchs freizuhalten.

Lamas und Kamele

Die Heimat der Lamas sind die südamerikanischen Anden, wo sie als Lasttiere eingesetzt werden. Bei uns hält man sie wegen ihrer Wolle oder ihres Fleisches. Da sie gerne trockenes Laubwerk fressen, wächst ihr Bedeutung in der Landschaftspflege.

Kamele sind Last- und Reittiere der Wüstenregionen, die sich aber auch in Deutschland einer immer größeren Beliebtheit erfreuen. Ihre Haltung erfolgt als Hobby oder sie werden als Reittiere verwendet.

Vogel Strauß in deutschen Landen

Strauße sind Tiere der afrikanischen Steppe. Jedoch halten einige Landwirte diese Tiere auch bei uns. Neben den Eiern und Eiererzeugnissen verkaufen die Betriebe oft Fleisch, Leder, Federn oder Zuchttiere.

Kein dummer Esel

Während Esel früher als Arbeitstiere wegen ihrer Ausdauer geschätzt wurden, werden sie heute nur noch als Hobby oder als Reittiere für Kinder gehalten. Die Tiere sind dabei sehr zutraulich und kommen häufig an den Zaun, um sich von den Menschen streicheln zu lassen.

BILDER OBEN: Immer mehr Landwirte – aber auch »Hobby-Bauern« – halten Exoten, wie Highland Rinder oder Esel.

+++ Ausprobieren +++ Ausprobieren +++

Vollflug

Am eindruckvollsten kann man die Leistungen der Bienen erleben, wenn man sich an einem sonnigen Tag mit den Kindern unter einen blühenden Kirsch- oder Lindenbaum stellt. Der ganze Baum scheint zu summen und in Bewegung zu sein, wenn Hunderte von Bienen gleichzeitig von Blüte zu Blüte unterwegs sind. Verfolgen Sie einmal ihren Weg.

Auch ein Blick auf das Einflugloch eines Bienenvolkes an einem warmen Spätfrühlings- oder Sommertag ist ein imposanter Anblick. Scheinbar chaotisch starten und landen gleichzeitig Dutzende von Bienen, während viele weitere noch im Anflug sind. Vor dem Einflugloch bildet sich eine ganze Wolke von Bienen. Diese Tage, wenn das ganze Volk unterwegs zu sein scheint, nennt der Imker »Vollflug«. Bei einer genauen Betrachtung können Sie, am besten direkt auf dem Anflugbrettchen, sehen, wie einige Bienen bunte Pollensäckchen in den Bienenstock tragen. Auch die Wachbienen, die jede landende Biene kontrollieren, sind gut zu erkennen. Stellen Sie sich dazu immer seitlich neben das Bienenvolk, damit Sie die an- und abflie-

Die Waben im Bienenstock können herausgenommen werden, um z.B. Honig zu schleudern.

genden Bienen nicht behindern. So vermeiden Sie, dass sich Bienen in Ihren Haaren oder Ihrer Kleidung verfangen.

Honig schleudern

Meist zweimal im Jahr holen die Imker die Honigwaben aus dem Bienenstock. In einem eigenen Raum entfernen sie das Wachs, das die Honigwaben verschließt. Die entdeckelten Waben hängt der Imker in seine Schleuder. Durch schnelles Drehen wird der Honig dann aus den Waben geschleudert. Fragen Sie den Imker, ob die Kinder dies einmal miterleben dürfen. Die Kinder können hier selbst mit der Entdeckelungsgabel die Waben öffnen und nach dem Schleudern sehen, wie der frische Honig aus der Schleuder läuft. Der ganze Raum ist dann erfüllt mit Honiggeruch.

»Honig-Kaugummi«

An dem frisch von den Waben entfernten Wachs haftet immer noch ein bisschen Honig an. Dieses können die Kinder wie »Honig-Kaugummi« auskauen und das Wachs anschließend ausspucken. Wer das nicht möchte, kann sich vielleicht das frischeste Honigbrot der Welt schmieren.

Einem Imker über die Schulter gucken

Wenn Sie mit Kindern einen Blick in ein Bienenvolk werfen möchten, was in der Zeit von April bis Oktober gut möglich ist, sprechen Sie dazu in jedem Fall einen Imker an. Viele Imker freuen sich über Ihr Interesse und sind gerne bereit, Ihnen einen Einblick zu ermöglichen. Der Imker kann Ihnen erklären, wie der Bienenstock aufgebaut ist, die Königin zeigen und eventuell können Sie auch miterleben, wie gerade eine junge Biene schlüpft. Öffnen Sie einen Bienenstock nie alleine, denn ohne den Einsatz von Rauch werden die Wächterbienen ihr Volk verteidigen und Sie gegebenenfalls auch attackieren.

Was fliegt denn da? Biene oder Wespe?

Bienen und Wespen werden von Kindern und Erwachsenen sehr oft verwechselt. Schuld daran ist vermutlich die Zeichentrickserie »Biene Maja«, die seit den 70er-Jahren des letzten Jahrhunderts ganze Generationen in die Irre führt. Denn die schwarzgelb gezeichneten Körper von Maja und ihrem Freund Willi ähneln sehr stark dem Farbmuster der Wespen. Unsere einheimischen Bienen hingegen sind in ihrer Färbung eher schwarzbraun, und ihr Körper ist dicht behaart.

Pflanzen auf dem Bauernhof

Getreide und Kartoffeln

Getreide und Kartoffeln sind unsere Grundnahrungsmittel. Aber können Sie alle Getreidearten unterscheiden, oder haben Sie schon einmal Kartoffeln geerntet?

Zuckerrüben und Raps

Weißer Zucker und goldenes Öl – sie lassen sich aus Zuckerrüben und Raps herstellen. Doch wie sehen die Pflanzen und deren Früchte eigentlich aus?

Grünland und Sonderkulturen

Auf Wiesen wächst weit mehr, als man denkt. Und dann gibt es auf speziellen Flächen noch Wein, Hopfen, Tabak, Erdbeeren, Spargel …

Eine Frage der Ähre

Weizen, der Alleskönner

Ohne den Weizen (*Triticum aestivum*) und sein weißes Mehl sähe unser Speiseplan vielleicht ganz anders aus. Für Kuchen, Brötchen, helles Brot, Kekse, Pfannkuchen und für das beliebte Weizenbier ist diese Getreideart fast unerlässlich. Doch das war nicht immer so. Obwohl die ältesten Weizenfunde fast 10.000 Jahre zurückreichen, blieb sein Anbau lange weit hinter dem der anderen Getreidearten wie Einkorn, Emmer und Gerste zurück. Erst durch das Weißbrot, das ab dem Mittelalter bei der wohlhabenden Bevölkerung in Mode kam, weitete sich der Weizenanbau aus.

Heute nimmt Weizen fast die Hälfte der gesamten Getreideanbaufläche in Deutschland ein. Weltweit stellt er neben Reis und Mais die wichtigste Getreideart für uns Menschen dar. Weizen kann man leicht auf dem Feld erkennen. Die Pflanze wirkt, ehe sie sich im Sommer gelb verfärbt, dunkelgrün bis blaugrün. Die Körner wachsen in einer Ähre, die keine Grannen, also »Härchen«, hat und meist aufrecht steht. Die Pflanze an sich wird einen halben Meter bis einen Meter hoch.

BILD OBEN: **Welche Getreideart ist das? Weizen erkennt man daran, dass seine Ähren keine Grannen haben.**

Normalerweise baut der Landwirt Winterweizen an, der schon im Herbst ausgesät wird. Er stellt zwar hohe Ansprüche an den Boden und die Wasserversorgung, aber er liefert auch deutlich höhere Erträge als Gerste oder Roggen. Sommerweizen, der im Frühling gesät wird, spielt in Deutschland kaum eine Rolle. Wenn wir in Deutschland »Weizen« sagen, meinen wir im Normalfall Weichweizen, im Gegensatz zum Hartweizen, der bei uns aber nicht wächst. Er ist in den südlichen Ländern wie Italien zu Hause und sein Mehl ist die Grundlage für die beliebte Pasta.

Die Zwergmaus

Oft verrät nur ihr rundes, kunstvoll zwischen den Halmen gebautes Kugelnest ihre Anwesenheit. Denn die Zwergmaus ist ein scheues und überwiegend nachtaktives Tier, das sich von Getreidekörnern, Gräsersamen, Insekten sowie von grünen Pflanzenteilen ernährt. Mit ihren spezialisierten Pfoten, ihrem Greifschwanz und dem geringen Gewicht von nur fünf bis sieben Gramm kann sie hervorragend in den Halmen klettern und ist somit an das Leben im Getreidefeld bestens angepasst.

Gerste, die Basis des Biers

Gerste (*Hordeum vulgare*) kann man, wenn die Pflanze ausgewachsen ist und die Ähren sich gebildet haben, leicht von Weizen unterscheiden. Die Ähre ist oft nach unten geneigt oder sogar hängend. Am auffälligsten sind aber die langen Grannen an der Ähre. Von allen einheimischen Getreidearten bei uns hat Gerste die längsten »Härchen«. Wie fast alle unsere Getreidearten ist auch die Gerste ein »Neuankömmling«, der ursprünglich in Mitteleuropa nicht heimisch war. Seine Ursprungsgebiete liegen im Vorderen Orient und in der östlichen Balkanregion. Dort lässt sich das Getreide auf mehr als 12.000 Jahre zurückdatieren. Erst seit der Jungsteinzeit, also seit 7.000 Jahren, findet in Mitteleuropa Gerstenanbau statt.

Heute ist Gerste nach Weizen unsere zweitwichtigste Getreideart. Sie gedeiht am besten auf tiefgründigen, gut durchfeuchteten Böden. Aber auch mit ungünstigen Bedingungen kommt sie gut zurecht und kann auf anspruchsloseren Standorten durchaus mit den Erträgen von Weizen konkurrieren. Auch von der Gerste gibt es eine Winter- und eine Sommerform. Wintergerste wird im September, noch vor dem Weizen, gesät und ist dabei die ertragreichere Variante. Im Sommer eröffnet die Wintergerste im Normalfall die Getreideernte. Die Aussaat der Sommergerste erfolgt hingegen erst im Frühjahr. Sie reift in weniger als 100 Tagen heran und benötigt deutlich weniger Wärme als die Wintergerste.

Wintergerste spielt für die menschliche Ernährung kaum eine Rolle. Die Körner finden überwiegend als Futter für die Nutztiere Verwendung. Nur in wenigen Regionen, wie z. B. Hannover, backt man aus Gerste Brot. Ganz anders stellt es sich hingegen bei der Sommergerste dar. Sie ist beim Bierbrauen neben Hopfen und Wasser der dritte, wichtige Bestandteil zur Herstellung des »Gerstensaftes«.

BILD OBEN: **Reife Gerstenähren hängen vorne über und besitzen lange Grannen.**

Hafer, das Pferdefutter schlechthin

Hafer (*Avena sativa*) war früher das »Benzin« der Pferde. Er wurde als wichtigstes Futtermittel der Zugtiere an der Börse gehandelt wie heute das Erdöl. Inzwischen muss man schon Glück haben, will man ein Haferfeld entdecken. Mit den Pferden sind aus der Landwirtschaft auch die Haferfelder verschwunden.

Im reifen Zustand erkennt man Hafer leicht an der goldgelben Farbe der Halme und den Rispen als Fruchtstand anstatt einer Ähre. Seine Ansprüche an Boden und Klima sind gering. Aber auch seine Durchschnittserträge sind mit rund fünf Tonnen je Hektar im Vergleich zu den anderen Getreidearten sehr niedrig. Dazu kommt, dass die Haferkörner fest von den Spelzen umschlossen sind. Für die menschliche Ernährung müssen die Spelzen von den Haferkörnern erst in einem eigenen Arbeitsgang entfernt werden. Nur wenig Hafer wird zu Haferflocken verarbeitet. Der überwiegende Anteil der Hafererzeugung wird an Pferde, Rinder oder Geflügel verfüttert.

Der Fruchtstand des Hafers ist eine Rispe.

Roggen, das Brotgetreide

Roggen (*Secale cereale*) war über Jahrhunderte unser bedeutendstes Brotgetreide – so bedeutend, dass viele Städte früher seine Verwendung zum Bierbrauen verboten hatten. Roggenbrot trocknet nur langsam aus und ist deshalb als Vorratsbrot beliebt, zum Beispiel als Schwarzbrot oder Pumpernickel.

Noch bis Mitte des vergangenen Jahrhunderts übertraf die Roggenanbaufläche die des Weizens. Roggen erkennt man gut an seiner graugrünen Färbung. Die Halme sind deutlich höher als die von Weizen und Gerste und durch die insgesamt unregelmäßige Wuchshöhe wirkt ein Roggenfeld »strubbelig«. Die Getreideart wird oft auf ungünstigeren Standorten angebaut, denn sie wächst auch auf sandigen, trockenen und nährstoffarmen Böden und verdrängt dort durch ihre Robustheit die anderen Getreidearten. Neben seinen geringen Umweltansprüchen punktet der Roggen durch seine Unempfindlichkeit gegen Pilzkrankheiten und tierische Schädlinge.

Die Roggenpflanze erkennt man an ihrer graugrünen Farbe.

Triticale, das moderne Tierfutter

Bei der Getreideart Triticale haben selbst Fachleute so ihre Probleme, sie auf Anhieb zu erkennen. Sie ist eine Kreuzung aus Weizen (*Triticum aestivum* L.) und Roggen (*Secale cereale* L.). So setzt sich auch der Name aus TRITIcum und seCALE zusammen. Dabei unterscheiden sich die Sorten teilweise erheblich voneinander, da manche eher dem Roggen, andere mehr dem Weizen ähnlich sehen.

Die Ursprünge des Triticale finden sich Ende des 19. Jahrhunderts in Schottland, als erstmals natürliche, spontane Kreuzungen beobachtet wurden. Gezielte Züchtungen finden seit 1930 statt. Seit Ende des letzten Jahrhunderts findet man ihn aber immer häufiger in der Feldflur. Unter optimalen Bedingungen erzielt Triticale, der fast ausschließlich in seiner Winterform angebaut wird, Spitzenerträge von neun Tonnen je Hektar. Die gedroschenen Körner finden in großem Umfang Verwendung in der Tiermast, für die menschliche Ernährung werden sie kaum eingesetzt.

Triticale ist eine Kreuzung aus Weizen und Roggen.

Dinkel, das »Schwabenkorn«

Dinkel (*Triticum aestivum* subsp. *spelta*) ist ein enger Verwandter des heutigen Weizens (*Triticum aestivum*). Die Pflanze wird 0,6–1,5 m hoch. Ihre Ähre ist locker und besitzt zwei- bis dreikörnige Ährchen. Dinkel ist robust, winterhart, resistent gegen eine Vielzahl von Krankheiten und kann mehrere Jahre auf derselben Fläche angebaut werden. Allerdings sind seine Ähren sehr druckempfindlich und zerfallen beim Dreschen leicht in Einzelteile. Diese Eigenschaft bedingt hohe Kornverluste bereits auf dem Feld. Um die Körner nach dem Drusch weiterverarbeiten zu können, müssen diese erst von den festsitzenden Spelzen befreit werden.

All dies waren vermutlich die Gründe, warum Dinkel in Deutschland um 1900 durch den Weizen stark verdrängt wurde. Erst in jüngster Zeit erfreut er sich vor allem im biologischen Anbau wieder einer größeren Beliebtheit, besonders in Südwestdeutschland. Trotzdem ist sein Anbauumfang eher unbedeutend.

Die Dinkelpflanze ist eher dunkelgelb bis braun.

+++ Ausprobieren +++ Ausprobieren +++

»Blindes Korn«

Wenn man die Unterschiede der Körner einmal bewusst wahrgenommen hat, kann man sie auch mit verbundenen Augen, allein durch Ertasten, auseinanderhalten. Geben Sie dazu die Körner je einer Getreideart in ein Schälchen. Die Kinder prägen sich die Eigenschaften der unterschiedlichen Getreidekörner genau ein. Sie befühlen die Körner und überlegen sich selbst »Eselsbrücken«, z. B. »Hafer sticht«, »Weizen ist weich«, … Die Kinder können nun, ohne hinzusehen, je ein Korn zwischen die Finger nehmen und versuchen, es zu beschreiben. Jetzt werden einem Kind die Augen verbunden und es darf in ein Schälchen fassen. Kann es die Getreideart erraten?

Getreidearten schnell bestimmen

Unterwegs sieht man Getreidefelder in allen Regionen Deutschlands. Auf mehr als der Hälfte des Ackerlandes bauen Landwirte inzwischen Weizen, Gerste, Roggen oder Triticale an. Schnell stellt sich die Frage: »Welches Getreide wächst hier eigentlich?« Hand aufs Herz: Viele Erwachsene tun sich schwer mit unseren Getreidearten und gerade für Kinder sieht oft ein Halm aus wie der andere. Dabei

Was steckt im Korn?

Getreidemahlen war früher eine schwere Arbeit. Dies kann man anhand einiger Weizenkörner und einem Mörser ausprobieren. Nur mit ordentlich Kraft lassen sich die Körner zerquetschen und geben das weiße Mehl frei. Wer kein Vollkornmehl möchte, kann die anderen Bestandteile des Korns, wie den Keimling, die Frucht- und Samenschalen und die Aleuronschicht, durch ein Sieb von dem weißen Mehl trennen und mit einer Lupe genauer untersuchen. Wie lange dauert es wohl, bis genug Mehl für einen Kuchen gemahlen ist?

lassen sich unsere Getreidearten in der Regel leicht unterscheiden – vor allem wenn die Ähre bereits ausgebildet ist.

Hafer, den man nicht mehr allzu oft in der Feldflur finden kann, erkennt man leicht, da sein Fruchtstand als Rispe ausgebildet ist. Aber auch ohne dem Feld zu nahe zu kommen, kann man ihn im reifen Zustand schon aus der Entfernung an seiner goldgelben Farbe erkennen.

Auch Mais sieht so ganz anders aus als die übrigen Getreidearten. Er wird im Frühjahr in weiten Reihenabständen gesät. Die Pflanze wird deutlich größer und hat einen dicken grünen Stängel, der sich erst im späten Herbst gelbbraun verfärbt.

Schwieriger wird es dann schon bei den übrigen Getreidearten, die in der Regel als Wintergetreide im Herbst ausgesät werden. Aber auch hier ist mit einem geübten Blick eine Bestimmung gut möglich. Weizen erkennt man, auch ohne Ähre, oft schon leicht an der satt dunkelgrünen Farbe der noch unreifen Halme, während Gerste eher hellgrün wirkt. Roggen dagegen ist in seiner Anmutung eher graugrün. Dinkel hat im reifen Zustand eine bräunliche Farbe. Während die Felder von Weizen und Gerste sehr einheitlich in der Höhe wirken, sind die Roggenhalme länger und dabei unterschiedlich hoch. Das Feld wirkt deutlich unruhiger.

Sehr eindeutig wird es, wenn man sich die Ähren der Getreidearten näher betrachtet. Denn die Weizenähre hat in der Regel keine Grannen, also keine »Haare«, und steht sehr aufrecht. Die Gerstenähre hingegen hat sehr lange Grannen und ist geneigt bis geknickt. Die Roggenähre ist schmal, besitzt mittellange Grannen und steht aufrecht bis leicht geneigt. Auch Dinkel hat eine schmale Ähre, allerdings ohne Grannen. Einzig Triticale, als Kreuzung aus Weizen und Roggen, macht einem hier das Leben schwer. Denn die Getreideart kann, je nach Sorte, einmal mehr die Merkmale von Roggen oder von Weizen aufweisen. Hier hilft dann nur das Ausschlussprinzip.

Körner erkennen

Was für die Pflanzen gilt, lässt sich auch auf die Körner der Getreidearten übertragen. Nur auf den ersten Blick sehen sie alle gleich aus. Weizen- und entspelzte Dinkelkörner sind glatt, von der Farbe eher bräunlich, rundlich und weisen keine Spitzen an den Enden auf. Gerstenkörner hingegen sind etwas rauer, in der Farbe gelblich und haben einen kleinen »Bauch« in der Mitte. Haferkörner sind ebenfalls spitz, aber glatt und schlank. Ihre Farbe ist goldgelb. Roggenkörner sind, wie Weizenkörner, glatt und stumpf, aber deutlich schlanker und in ihrer Farbe grauer. Die eher eckigen Maiskörner kennen die meisten Kinder bereits.

+++ Ausprobieren +++ Ausprobieren +++

Strohhalm

Viele Begriffe aus der Natur verwenden wir inzwischen völlig unbewusst und losgelöst von ihrer ursprünglichen Bedeutung. Der Begriff »Strohhalm« ist dafür ein schönes Beispiel. Jeder denkt an ein Röhrchen aus Plastik. Die Bedeutung »Getreidehalm« oder »einzelnes trockenes Stroh« würde einem dafür nicht als erste Erklärung einfallen. Dass aber beide Bedeutungen auf den getrockneten Getreidehalm zurückgehen, ist auch Erwachsenen oft nicht bekannt. Denn früher verwendete man tatsächlich die Getreidehalme als Trinkhalme – und das lässt sich gut überprüfen.

Schneiden Sie mit den Kindern einige reife Halme ab. Am besten ist Weizen dafür geeignet, da seine Halme fest und dick sind. Entfernen Sie die Ähren und waschen Sie die Halme gründlich ab. Die Kinder werden feststellen, dass die Halme innen hohl sind, und versuchen, Flüssigkeit anzusaugen. Aber weshalb gelingt dies nicht? Bei genauerer Betrachtung werden die Kinder sehen, dass die Halme Verdickungen oder Knoten aufweisen. Diese dienen dazu, den Halm zu stabilisieren und zu festigen. Hier ist das Röhrchen nicht durchlässig. Daher sollten die Kinder die Halme zwischen den Knoten ausschneiden – und fertig ist der Strohhalm.

Die Spreu vom Weizen trennen

Die Spreu vom Weizen zu trennen, ist ein sprichwörtliches Problem bei der Getreideernte. Denn die Körner sind in der Ähre von Spelzen, also Hochblättern, umgeben. Beim Drusch ergeben sie, zusammen mit den Grannen, Ährenteilen und Strohstücken die Spreu, die sich mit den Körnern mischt. Doch wie kann man sie trennen?

Die Kinder können dies selbst ausprobieren. Die Getreidekörner werden von den Kindern mit der Hand durch Abstreifen oder durch Schlagen mit kurzen Stöcken aus den Ähren gelöst. Die Kinder werden schnell erkennen, dass sie auf diese Weise eine Mischung aus Körnern und verschiedenen anderen Ährenbestandteilen und kleine Strohstückchen erhalten. Die jungen Forscher können nun selbst vorschlagen, wie man an die Körner kommt: Man kann die Körner von Hand auslesen oder durch Pusten die leichteren Spelzen wegblasen. Beide Varianten sind auf Dauer sehr mühsam.

Besser geht es, wenn man die Mischung in einen Luftstrom, wie zum Beispiel in den Windzug, bringt. Man schüttet die Mischung in eine flache, breite Schüssel und wirft sie vorsichtig hoch in den Wind. Während die leichte Spreu wegfliegt, fallen die Körner wieder zurück in die Schüssel. Nach mehreren Durchgängen bleiben nur noch die Körner zurück.

Stockbrot am Lagerfeuer

Ein tolles Ereignis, um den Weg des Getreides für Kinder abzuschließen, ist das Stockbrot am Lagerfeuer. Schon bei der Herstellung des Teiges kann man die Kinder prima mit einbeziehen, indem sie helfen, einen Hefeteig – wie für eine Pizza – zu kneten. Der fertige Teig wird anschließend in etwa pfirsichgroße Stücke geteilt und jeweils zu einer Kugel geformt. Jedes Kind erhält eine Kugel und rollt den Teig zwischen den Händen oder auf einer sauberen Oberfläche hin und her bis eine etwa finderdicke »Schlange« oder «lange Wurst« entsteht.

Die Teigschlange wird nun vom oberen Ende her fest spiralförmig um einen etwa zwei Meter langen, frisch geschnittenen Haselnussstock gewickelt. Aus dem Teig darf oben kein Holz mehr herausschauen, sonst wird das Brot schnell zur Fackel! Die Kindern können nun den Stock über das Lagerfeuer halten – am besten nicht zu dicht, da sonst das Brot außen schnell verbrennt und innen noch nicht durchgebacken ist. Regelmäßig wenden und drehen. Sobald der Teig außen knusprig ist und duftet, können die Kinder ihn vom Stock abknabbern.

Mais besitzt einen massiven Kolben als Fruchtstand, der von Hüllblättern eingeschlossen ist.

Ohne Fleiß kein Mais

Auch wenn Mais (*Zea mays*) so völlig anders aussieht als unsere übrigen Getreidearten, so handelt es sich doch um ein Süßgras. Er wird stattliche 1,5–2,5 m hoch und besitzt große, breite Blätter sowie einen dicken Stängel. Der Blütenstand ist ein massiver Kolben, der von Hüllblättern, die auch »Lieschblätter« genannt werden, umgeben ist. Aus Sicht der Botanik unterscheidet er sich durch seine einhäusige Getrenntgeschlechtlichkeit von den anderen Getreidearten. Dies bedeutet, dass sich sowohl männliche als auch weibliche Blüten auf derselben Pflanze befinden. Die männlichen Blüten entwickeln sich oben am Stängel in Rispenform, während sich die weiblichen Blüten an Nebenachsen des Stängels jeweils an den Ansatzstellen der Blätter bilden.

Mit Kolumbus aus Südamerika

Mais stammt ursprünglich aus Mittelamerika. Unsere Bezeichnung für die Pflanze geht auf das Wort »mahiz« zurück, dem Wort für Mais in Taino, der Sprache der Arawak-Indianer. Seit mehr als 7.000 Jahren wird er in der Region zwischen Peru und Mexiko angebaut. Mit Christoph Kolumbus kamen die ersten Maiskörner nach Europa. Nachweislich wird er seit 1525 in Südspanien angebaut, allerdings zunächst nur als exotische Zierpflanze. Im Osten des Mittelmeerraums breitete sich der Maisanbau jedoch zuerst aus. So waren bereits Ende des 16. Jahrhunderts Maisfelder in der Türkei und am oberen Euphrat zu finden.

Diese ursprünglichen Maissorten aus den tropischen und subtropischen Gegenden waren sehr frostempfindlich. Erst nach Missernten bei Getreide und Kartoffeln zu Beginn und Mitte des 19. Jahrhunderts begann die Züchtung robusterer, dem kalten europäischen Klima besser angepasster Maissorten. Im großen Umfang wird Mais seit etwa 1970 bei uns angebaut. Weltweit betrachtet, ist Mais die wichtigste Stärkepflanze.

Keine Problempflanze mehr

Die Körner werden Mitte bis Ende April gesät. Zur Keimung benötigt Mais Temperaturen über 8 °C. In Reihen wachsen pro Quadratmeter circa 6–8 Pflanzen. Seine Ansprüche an den Boden sind eher gering. Mit 500–700 mm Jahresniederschlag ist sein Wasserbedarf nicht besonders hoch. An Wassermangel ist Mais gut angepasst, denn er gehört zu den sogenannten C4-Pflanzen. Diese gedeihen auch an trockenheißen Standorten mit hohem Lichtangebot. Sie nutzen das vorhandene Kohlendioxid im Vergleich zu C3-Pflanzen wie Weizen oder Gerste viel besser.

In der Vergangenheit hatte Mais den Ruf als Problempflanze. Durch seine sehr späte Aussaat und die geringe Durchwurzelung des Bodens ist die Erde besonders an Hanglagen stark erosionsgefährdet. Dies wird heute durch moderne Aussaatverfahren, durch die Einsaat von bodendeckenden Untersaaten und eine pfluglose Bodenbearbeitung vermindert.

Die verschiedenen Nutzungsformen

Der Erntezeitpunkt des Maises hängt davon ab, wie die Pflanze genutzt werden soll. Silomais, der als Viehfutter Verwendung findet, wird Ende September/Anfang Oktober geerntet. Mit einem Maishäcksler werden die ganzen, noch grünen Pflanzen zerkleinert, auf Anhänger geladen und auf dem Hof anschließend in Silos verfestigt. Dort setzt unter Luftausschluss durch Bakterien die Milchsäuregärung ein und lässt so ein haltbares, eiweiß- und energiereiches Winterfutter für Rinder entstehen. Silomais wird ebenfalls als Gärsubstrat in Biogasanlagen eingesetzt.

Die Ernte von Körnermais findet im Oktober oder November statt, wenn die Pflanzen schon das Reifestadium erreicht und sich gelb verfärbt haben. Hier werden nur die vollreifen Körner mit dem Mähdrescher aus den Kolben gedroschen. Der Rest der Pflanze wird gehäckselt und bleibt auf dem Feld zurück. Die Körner finden dann in Kraftfuttermischungen für Tiere Verwendung.

Für die menschliche Ernährung wird Mais, der in Mitteleuropa angebaut wird, hauptsächlich zu Speisestärke verarbeitet. Bei der Stärkeproduktion fällt als Nebenprodukt Maiskeimöl an. Es dient als Salatöl oder für die Margarine- und Mayonnaiseherstellung. Mais für Cornflakes, Gemüsemais oder Popcorn wächst in erster Linie in Südeuropa oder auf dem Balkan. Für die Industrie stellt Maiskeimöl einen Rohstoff für Farben, Linoleum und Seife dar. Maisstärke ist unter anderem Ausgangsstoff für kompostierbares Verpackungsmaterial.

Silomais wird als ganze Pflanze geerntet. Er wird auf den Anhänger gehäckselt und zum Silo gefahren.

+++ Ausprobieren +++ Ausprobieren +++

Popcorn selbst gemacht

Wir kennen es alle aus dem Kino oder vom Jahrmarkt – aber bei der Frage, woraus denn Popcorn eigentlich hergestellt werde, müssen auch viele Erwachsene oft nachdenken. Sind das wirklich nur Maiskörner?

Den Zusammenhang zwischen Mais und Popcorn kann man Kindern anschaulich und mit viel Spaß ganz einfach vermitteln. Viele Supermärkte bieten in ihrem Sortiment Popcorn-Mais an, der in der Mikrowelle oder im Topf zubereitet werden kann, wobei die Variante »Topf mit Glasdeckel« für Kinder die deutlich spannendere ist.

So geht's: Etwas Öl in einen beschichteten Topf geben und leicht erhitzen. Dann so viel Mais dazugeben, dass noch etwas vom Boden sichtbar bleibt. Nun den Topf mit dem Glasdeckel fest verschließen und weiter erhitzen. Man sollte jetzt besser nicht auf die Idee kommen, mal kurz den Deckel zu heben und zu schauen, warum nichts passiert! Sobald es still wird im Topf, lässt man das Ganze auskühlen und bestreut es, je nach Geschmack, mit Zucker, Salz oder Zimt.

Aber warum poppt der Mais überhaupt? Auch hier liegt die Antwort in der speziellen Maissorte, die eine besonders harte Schale hat. Diese verhindert zunächst das Verdampfen des Wassers, das sich noch im Korn befindet. Denn Wasserdampf benötigt bei 170 bis 200 °C etwa 2000-mal mehr Raum als flüssiges Wasser bei Zimmertemperatur. Irgendwann kann die Schale diesem enormen Druck nicht mehr standhalten und reißt auf. Das Maiskorn explodiert mit einem lauten Knall und das Wasser verdampft sofort.

Mais probieren

Was unterscheidet den Maiskolben, den wir im Laden kaufen können, von dem, der in großen Mengen auf den Feldern wächst? Probieren Sie es einfach mit den Kindern aus. Fragen Sie einen Landwirt, ob Sie einen Kolben von seinem Silomais haben dürfen. Die Körner sollten bereits gelb, aber noch etwas weich sein. Im Laden kaufen Sie ebenfalls Maiskolben. Entfernen Sie beiden die Hüllblätter, markieren Sie den Kolben vom Feld mit einem Zahnstocher und kochen Sie beide für circa 10 Minuten in heißem Wasser. Dann dürfen die Kinder kosten. Der Unterschied wird sehr deutlich zu erkennen sein. Während der Kolben aus dem Laden süß schmeckt, wird der Kolben vom Feld sehr mehlig im Geschmack sein. Aber woran liegt das?

Wie bei fast allen landwirtschaftlichen Kulturpflanzen liegt auch hier des Rätsels Lösung in der Sorte. Denn die meist als Viehfutter angebauten Maissorten beginnen mit Ende der Milchreife einen mehligen Geschmack anzunehmen. Bis zum Ende der Teigreife wird er sich zum Mehlgeschmack des abgereiften Maises entwickeln. Dagegen handelt es sich bei dem Mais aus dem Laden um Zuckermais oder Süßmais, der ohnehin einen deutlich höheren Zuckeranteil besitzt. Zum anderen verliert diese spezielle Maissorte erst sehr spät in der Teigreife ihren süßen Geschmack.

Irrgärten im Maisfeld

Kinder lieben Verstecke, Geheimnisse und Abenteuer – am besten im Freien. Eine tolle Gelegenheit, Kinder nach draußen zu bewegen und neben Spiel und Spannung sogar noch Wissen zu vermitteln, bieten inzwischen Irrgärten in vielfältiger Form. Sie werden deutschlandweit von Landwirtinnen und Landwirten professionell, vornehmlich in Maisfeldern, aber auch in Hanf- oder Sonnenblumenfeldern, angelegt. Die größten nehmen eine Fläche von einigen Hektar ein und bieten Wege von mehreren Kilometern Länge an. Zwischen den Pflanzen gibt es Picknickplätze, Aussichtstürme, Spielgeräte oder Infotafeln rund um die Powerpflanze Mais. Die Angebote von Aktionen, die sich um die Irrgärten ranken, sind sehr vielfältig. Von Geocaching, Abenteuerrallyes, nächtlichen Taschenlampen- oder Fackelwanderung durch den Irrgarten bis hin zu einem Rahmenprogramm mit Hüpfburgen, Gokarts, Grillplätzen und Aktivitäten mit Tieren reichen die Angebote – sicherlich auch in Ihrer Nähe.

Rund um die tolle Knolle

Die Kartoffelnation

Im deutschsprachigen Raum hat die Kartoffel viele Namen: Arber, Ärpel, Bulwe, Bramburi, Eachtling, Erdapfel, Erdbirn, Erpfel, Flezbirn, Gromper, Grübling, Grundbirn, Kästen, Knulle, Krumbiir, Krumbeer, Pipper, Schucke, Tüfte und Tüffel sind nur einige der vielen regionalen Bezeichnungen für sie. Denn Deutschland ist eine echte Kartoffelnation. Warum das so ist, darüber gibt es viele Geschichten. Die bekannteste jedoch ist sicherlich die von Friedrich dem Großen, der – so wird es erzählt – dafür verantwortlich ist, dass die Kartoffel bei uns Grundnahrungsmittel wurde.

BILD OBEN: **Kartoffeln wachsen bei uns in Dämmen, die von Maschinen aufgeworfen werden.**

Denn lange Zeit war die seltsame Pflanze, die ursprünglich aus Südamerika stammt, in Europa nur ein Ziergewächs. Die weißen oder violetten Blüten erfreuten die Menschen in Gärten, aber weder wollten die Bauern die Knollen anpflanzen noch die Städter sie essen. König Friedrich jedoch erkannte den Wert der Kartoffel für die menschliche Ernährung. Er ließ vor den Toren Berlins Kartoffelfelder anlegen und diese zum Schein von Soldaten bewachen – jedoch nur am Tag. Die Bauern, die neugierig wurden und auf den Feldern eine Kostbarkeit vermuteten, stahlen die Knollen von den nachts unbewachten Feldern und bauten sie an.

Doch auch um den Absatz der Knollenfrüchte bemühte sich der König. In allen Städten, die Friedrich besuchte, verzehrte er in der Öffentlichkeit Kartoffeln. So begann ihr Siegeszug in Deutschland und die Kartoffel wurde zum wichtigsten Lebensmittel, denn zeitweise lag der Verbrauch über 200 kg pro Kopf und Jahr. Doch diese Zeiten sind inzwischen lange vorbei. Die Kartoffel, als Lebensmittel der armen Leute, kam im vergangenen Jahrhundert bei uns aus der Mode.

Ein modernes Industrieprodukt

Heute wird nur noch ein geringer Teil der Ernte als Knolle im Supermarkt verkauft. Der Großteil der Kartoffeln gelangt inzwischen verarbeitet zu uns: als Chips, Pommes frites, Kroketten, Kartoffelpüree, Knödel- oder Reibekuchenteig. Kartoffelstärke wird zu Glukose, Puddingpulver und Verdickungsmitteln verarbeitet. Aber auch in der Industrie dient Kartoffelstärke zur Papier- und Klebstoffherstellung.

Der Kartoffelanbau heute

Aber was macht die Kartoffel so wertvoll? Zum einen liefert sie pro Hektar viel größere Mengen an Eiweiß und Kohlenhydraten als Getreide, sie ist reich an Vitaminen, sie lässt sich gut lagern und sie kann ohne komplizierte Verarbeitungsschritte verzehrt werden. Zudem wächst die Kartoffel auf nahezu allen Standorten.

Im Frühjahr können die Knollen ab Temperaturen von 8 °C ins Freie gesetzt werden, was in der Regel im April erreicht wird. In einigen Regionen werden die Kartoffeln, von Vlies oder Folie geschützt, deutlich früher gesetzt. Aus den ruhenden Knospen, auch Augen genannt, der Pflanzkartoffel bilden sich Seitentriebe, an deren Enden sich dann die Knollen ausbilden.

Die Landwirte bauen Kartoffeln in typischen Dämmen an, die sich in langen Reihen über die Felder ziehen. Diese Anbauform ermöglicht eine bessere Wasser- und Nährstoffversorgung und einen optimalen Pflanzenschutz. Mit Traktoren mit schmalen Reifen fahren die Landwirte in den Gräben entlang und häufeln die Erde auf die Dämme. Dadurch werden unerwünschte Feldkräuter unterdrückt. Diese Arbeit, das Hacken, musste früher mühsam von Hand geleistet werden. Einer der Hauptfeinde der Kartoffel ist der gestreifte Kartoffelkäfer, der heute chemisch bekämpft werden kann. Früher war es die Aufgabe der Kinder, die Tiere einzusammeln.

Die Ernte erfolgt im Spätsommer, bei Frühkartoffeln oft schon im Juni oder Juli. Geerntet werden dabei ausschließlich die unterirdischen Knollen, da alle grünen Bestandteile der Pflanze giftig sind. Die großen Kartoffelroder graben die Kartoffeln vorsichtig aus der Erde und transportieren sie über Förderbänder auf einen Anhänger. Dabei werden Steine und Erdklumpen aussortiert. Die Anbauschwerpunkte in Deutschland liegen in Niedersachsen, Bayern und Nordrhein-Westfalen.

BILD OBEN: **Kartoffeln werden heute mit riesigen Maschinen geerntet.**

+++ Ausprobieren +++ Ausprobieren +++

Kartoffeln keimen lassen

Mit Kindern kann man die Kartoffel gut erforschen. Geeignet sind dafür alle Kartoffelsorten, die im Supermarkt angeboten werden. Zunächst können die Kinder selbst einen einfachen Versuch durchführen. Dazu werden einige Kartoffeln an einem hellen, warmen Platz, zum Beispiel auf die Fensterbank, gelegt. Andere Knollen werden an einem dunklen, kühleren Ort, wie im Keller, zeitgleich gelagert. In regelmäßigen Abständen können die Kinder nun kontrollieren, wie sich die Kartoffeln verändern. Schnell werden sie erkennen, dass sich die Knollen auf der Fensterbank grün verfärben und sich aus den dunklen Punkten auf den Knollen, den Augen, zunächst weiße Erhöhungen und mit der Zeit dann längere Ausläufer bilden. Die Kartoffel keimt. Die Kartoffeln im Keller hingegen haben sich im Regelfall kaum verändert.

Kartoffeln auspflanzen

In ein kleines Beet, einen Eimer, in den vorher mehrere Löcher in den Boden gebohrt wurden, oder einen großen Blumentopf mit Erde kann man die gekeimten Knollen im Frühjahr, am besten ab

BILD OBEN LINKS: Bevor die Saat-Kartoffeln in den Boden kommen, lässt man sie ankeimen.

BILD OBEN RECHTS: Kartoffeln einsammeln wie früher: Wer findest die dickste Knolle?

Mitte April, anschließend auspflanzen. Dazu vergräbt man die Kartoffeln wenige Zentimeter tief unter der Erde und hält die Erde feucht. Schon bald stößt einer der Ausläufer durch die Oberfläche, wird grün und bildet Blätter aus. Aus demselben Trieb werden andere Ausläufer nach unten wachsen und die Wurzeln bilden. Im Laufe der kommenden Wochen entwickelt sich das zarte Pflänzchen zu einer kräftigen Pflanze. Bald blühen die Kartoffeln weiß oder violett. Die kleinen grünen Beeren, die später an den Pflanzen wachsen, sind wie alle grünen Teile der Pflanze giftig. Unterirdisch bilden sich weitere Sprossausläufer aus, an denen nach und nach kleine Verdickungen auftreten, die sich zu Knollen weiterentwickeln. Durch vorsichtiges Graben lassen sich die einzelnen Entwicklungsschritte der Kartoffelpflanze gut nachverfolgen und in einem Kartoffeltagebuch mit Fotos festhalten.

Kartoffeln ernten

Selbst Kartoffeln zu ernten ist für Kinder ein tolles Erlebnis. Fragen Sie einen Landwirt, ob er Ihnen einen kleinen Streifen zur Verfügung stellt, den Sie mit den Kindern beernten können. Viele Schulbauernhöfe bieten das im Herbst auch für Familien oder Kindergruppen an. Die im Sommer so schönen und grünen Kartoffelpflanzen sind jetzt abgestorben und braun. Mit einer Harke oder Grabegabel können die Kinder die Kartoffeln selbst aus der Erde graben und anschließend in Körben einsammeln. Wenn man die Knollen vorsichtig freilegt, kann man erkennen, wie sie mit der Mutterknolle über die Sprossausläufer verbunden sind. Die Mutterknolle ist dabei oft klein, dunkel und schrumpelig, während die neuen Kartoffeln hell und glatt sind. Beim Ausgraben ist nicht nur der Duft der frischen, feuchten Erde sehr schön. Die Kinder können auch untereinander verschiedene Wettbewerbe durchführen. Wer findet die dickste Kartoffel? Gibt es Kartoffeln, die ungewöhnlich, zum Beispiel wie ein Männchen oder ein Herz, aussehen? Oder mit einer kleinen Waage können die Kinder schätzen, wie viele Kartoffeln sie für ein Kilogramm benötigen.

Kartoffelkäfer

Um im Herbst Kartoffeln ernten zu können, reicht es nicht aus, die Mutterknollen nur zu vergraben. Die Kartoffeln brauchen regelmäßige Pflege und den Schutz vor Schädlingen. Der bekannteste Schädling ist sicherlich der Kartoffelkäfer. Entdecken die Kinder eines der auffällig gestreiften Insekten auf einer ihrer Kartoffelpflanzen, ist die Freude zunächst sicherlich sehr groß. Doch schnell werden sie feststellen, dass sich das Tier rasch vermehrt. Aus den Eiern schlüpfen Larven, die die Blätter fressen. Doch die grünen Pflanzenteile sorgen dafür, dass die Nährstoffe in die Knollen eingelagert werden und die Knolle dadurch wächst. Wird zu viel von der Blattmasse abgefressen, kann die ganze Pflanze sogar absterben.

Kartoffeln kochen

Wer erntet, darf natürlich die Kartoffeln auch probieren. Dazu kann man verschiedene Kartoffelsorten, am besten mit unterschiedlichen Kocheigenschaften, als Pellkartoffeln mit etwas Salz kochen. Auch exotischere Sorten, wie »Bamberger Hörnchen« oder »Blauer Schwede«, die so ganz anders aussehen als die, die den Kindern bekannt sind, können dafür verwendet werden. Jedes Kind erhält eine Kartoffel je Sorte. Lassen sich alle Kartoffeln gleich gut schälen? Wie ist die Farbe der Knollen? Welche sind weich und mehlig, welche sind eher fest? Wie schmecken die unterschiedlichen Sorten? Ein Vergleich zeigt hier schnell: Kartoffel ist nicht gleich Kartoffel!

Zuckerrübe und Raps

Zuckerrübe

Anders als Getreide oder Grünland findet man Zuckerrüben nicht in allen Regionen Deutschlands. Denn als »Königin der Kulturpflanzen« stellt sie besondere Ansprüche. Sie wächst am besten auf tiefgründigen, feinkrümeligen, nährstoffreichen Böden mit guter Wasserversorgung. Dazu liebt sie ein warmes Klima mit langer Sonnenscheindauer – eine wirklich verwöhnte Adelige eben.

Rüben werden schon seit dreitausend Jahren vom Menschen als Futterpflanze genutzt. Dass man auch Zucker daraus gewinnt, ist vergleichsweise neu. Im Jahr 1747 entdeckte der Apotheker S. Markgraf, dass Rüben- und Rohrzucker von ihrer Struktur identisch sind. Damit begann in Europa die systematische Züchtung der Zuckerrüben. Die erste Zuckerfabrik eröffnete 1802. Seit etwa 1850 wird Rübenzucker in größerem Unfang erzeugt und somit war Süßes auch für eine breitere Bevölkerungsschicht erschwinglich. Denn vorher war man entweder auf importierten Rohrzucker oder Honig angewiesen.

BILD OBEN: **Ab September werden die Zuckerrüben mit dem Roder aus dem Boden geholt.**

Streng reglementierter Anbau

Zuckerrüben werden im Frühjahr in langen Reihen ausgesät. Im Sommer richten sich ihre zahlreichen dichten Blätter optimal zur Sonne aus und nutzen jeden Strahl, um den Zucker in ihr Speicherorgan, die Rübe, einzulagern. Im Spätherbst erfolgt die Ernte mit hochmodernen Rübenvollerntern, die die Blätter abschneiden und die Rübe aus der Erde heben. Der Zuckergehalt in den Rüben liegt dann bei etwa 20 %. Sie werden anschließend in Zuckerfabriken weiterverarbeitet, wo der Zucker aus den Rüben gelöst wird.

Das Rübenblatt wird heute kaum noch verfüttert. Es bleibt als Dünger auf dem Feld zurück. Für den Landwirt ist die Zuckerrübe aus ökonomischer Sicht die gewinnbringendste aller Ackerbaufrüchte. Allerdings ist ihre Produktionsmenge in der EU streng festgelegt.

Raps

Im April und Mai werden Deutschlands schönste Ölfelder am deutlichsten sichtbar: Ganze Landstriche hüllt der Raps in ein gelbes Blütenmeer. Über den Rest des Jahres hingegen nimmt man diese wichtige, aber doch unscheinbare Ölpflanze, die überwiegend in ihrer Winterform angebaut wird, kaum wahr.

Ab Mitte August ist der günstigste Zeitpunkt für die Aussaat der runden schwarzen Rapskörner, die sich bis zum Winter in kleine, bodennah wachsende Pflänzchen entwickeln. Im Frühjahr schießt die Pflanze schnell in die Höhe. Nach der Blüte entwickeln sich die Schoten, die mehr als 20 kleine Samen enthalten können. Im Juli wird die Pflanze mit einem Mähdrescher geerntet. Dabei werden die kleinen schwarzen Körner aus den Schoten gedroschen. Sommerraps, der im Frühjahr ausgesät wird und dessen Erträge deutlich geringer sind als die des Winterraps, spielt in Deutschland kaum eine Rolle.

Rapsöl, ein züchterischer Erfolg

Raps wurde bereits im Mittelalter als Nutzpflanze verwendet. Aus den Samen gewann man durch Quetschen oder Pressen in Ölmühlen das Öl, das Talg als Lampenöl ablöste. Für die menschliche Ernährung hingegen war das Öl wegen seiner Bitterstoffe und der enthaltenen Erucasäure, die die Herzmuskulatur schädigte, lange ungeeignet. Erst durch züchterische Erfolge konnten beide Inhaltsstoffe aus dem Öl weitgehend entfernt und seine Qualität als Speiseöl grundlegend verbessert werden. Heute schätzen Ernährungswissenschaftler Rapsöl wegen seiner positiven Wirkungen auf Herz und Kreislauf. Daneben gewinnt Rapsöl als nachwachsender Rohstoff zunehmend an Bedeutung. Sein Öl ist biologisch vollständig abbaubar und verfügt in einzelnen Einsatzbereichen über bessere Eigenschaften als Mineralölprodukte. Für die Herstellung von Hydraulikölen, Lacken, Farben, Kerzen, Pharmazeutika, Emulgatoren, Kunststoffen, Weichmachern, Tensiden und Seifen wird heute Rapsöl verwendet.

Rapsfeld in voller Blüte: Mit Abstand Deutschlands schönste Ölfelder.

Sirup kochen

Theoretisch kann man aus den Rüben selbst den Zucker herauslösen. Die Schritte, bis Haushaltszucker entsteht, so wie wir ihn kennen, sind aber kompliziert. Einfacher ist es, süßen Zuckerrübensirup herzustellen. Hierzu nimmt man ein bis zwei frische Zuckerrüben, wäscht und bürstet sie sorgfältig und schneidet sie in kleine Würfel. Diese kocht man mit etwas Wasser, bis sie weich sind, und lässt sie anschließend noch zwei Stunden im warmen Kochwasser ziehen. So löst sich der Zucker in das Wasser. Die Flüssigkeit gibt man anschließend durch ein feines Sieb und kocht sie so lange unter Rühren bei mäßiger Hitze ein, bis eine zähe Masse entsteht. Entstehenden Schaum sollte man abschöpfen. Je dickflüssiger der Sirup wird, desto sorgfältiger muss man rühren, damit er nicht anbrennt. Der Sirup schmeckt sehr lecker auf frischen Brötchen mit Butter.

+++ Ausprobieren +++ Ausprobieren +++

Rüben probieren

Der Begriff »Zuckerfabrik« vermittelt schnell, dass hier, ähnlich wie in der Fahrradfabrik, Zucker aus einzelnen Bestandteilen zusammengesetzt und hergestellt wird. In Wirklichkeit ist der Zucker bereits in der Rübe vorhanden. In der Fabrik wird er lediglich unverändert aus der Rübe herausgelöst, denn jede geerntete Rübe enthält etwa 18–20 % Zucker. Diesen kann man schon in der Rübe schmecken. Auf einem Zuckerrübenfeld kann man im Herbst, versteckt unter dichten Blättern, die Rüben entdecken. Mit einem Taschenmesser schneidet man einen kleinen Schnitz von der Rübe ab, der möglichst frei von Erde sein sollte. Jedes Kind erhält nun ein kleines Stückchen davon und darf an der Schnittfläche lecken oder einen kleinen Bissen in den Mund nehmen. Der Saft der Rübe schmeckt sehr süß, je später im Herbst, desto süßer, da dann mehr Zucker eingelagert wird.

Rübengeister

Frisch geerntete Zuckerrüben auszuhöhlen, Gesichter und Fratzen daraus zu schnitzen und eine Kerze in das Innere zu stellen, hat in verschiedenen Gegenden Deutschlands eine alte Tradition. Die Arbeit beginnt bereits bei der Auswahl des Rübenkopfes. Denn der Rübengeist soll ja möglichst gruselig aussehen. So können natürliche Beulen, Warzen, Höcker und Verwurzelungen mit in die Fratze eingearbeitet werden.

Mit einem Messer oder einem scharfkantigen Löffel höhlt man die Rübe zunächst vorsichtig aus. Durch die Dicke der Abtragungen kann man bestimmen, ob der ganze Körper leuchtet oder ob das Licht am Ende nur durch Augen, Nase und Mund, die man danach ausschneidet, scheint. Je dünner man den Körper lässt, desto weniger haltbar ist allerdings der Geist. Ziel ist, eine möglichst »gruselige« Gestaltung des »Rübengeists« zu bekommen.

Was steckt im Raps?

Raps wird von den Landwirten wegen seines Öls angebaut. Bis zu 40 % davon stecken in den kleinen schwarzen Körnern. Das Öl im Raps lässt sich ganz einfach nachweisen. Dazu braucht man etwa einen Teelöffel Rapskörner, die man in einem Mörser zu einem Brei zerreibt. Mit einem Löffel entnimmt man eine kleine Probe der Rapsmasse und drückt sie auf ein Stück Lösch- oder Filterpapier, sodass ein dicker Fleck verbleibt. Daneben tropft man etwa Wasser auf das Papier, sodass ein zweiter Fleck entsteht. Mit einem Föhn bläst man warme Luft über beide Flecken. Während der Wasserfleck verschwindet, bleibt der Ölfleck vom Raps zurück. Man kann es deutlich sehen, wenn man das Papier gegen das Licht hält.

Eine andere Form des Nachweises von Öl ist, dass man eine größere Menge Körner quetscht und das Öl ablaufen lässt. Nun füllt man etwas von dem Rapsöl in ein Glas, danach Wasser und darauf wieder Rapsöl. Was passiert?

Aus Rapssamen wird vor allem wertvolles Speiseöl gewonnen.

Der Duft von frischem Heu

löst bei Spaziergängern und Wanderern sehr unterschiedliche Emotionen und Erinnerungen aus. Die meisten Menschen erfreuen sich an den Gerüchen der getrockneten Kräuter und Gräser, die durch die heiße Spätfrühlings- oder Sommerluft getragen werden. Für diejenigen, die auf einem Bauernhof aufgewachsen sind und früher selbst Heu gemacht haben, riecht es nach schwerer Arbeit.

Über Wiesen und Weiden

Grünland begegnet uns fast überall. Etwa ein Drittel der gesamten landwirtschaftlichen Fläche in Deutschland nutzen Landwirte als Wiesen und Weiden, in sehr unterschiedlichen Ausprägungen. Die Spannen reichen weit: von der extensiven Wiese, die nur einmal im Jahr gemäht wird und eine große Anzahl verschiedener Gräser und Kräuter aufweist, bis hin zur intensiv genutzten Grünlandfläche mit bis zu sechs Schnitten im Jahr, auf der nur wenige Pflanzenarten vorkommen, vom nährstoffarmen Magerrasen bis hin zur »Fettwiese«, von der Wachholderheide bis hin zur fest eingezäunten Intensivweide mit mehreren Beweidungen im Jahr.

BILD OBEN: Eine Wiese wird meist mehrmals im Jahr gemäht.

Das Futter für Wiederkäuer

Eines haben jedoch alle landwirtschaftlichen Grünlandflächen gemeinsam. Auf ihnen wächst Futter für die Nutztiere: für Pferde oder für Wiederkäuer wie Rinder, Schafe und Ziegen. Denn nur sie können das Raufutter als Nahrung gut verwerten. Andere Nutztiere wie Schweine oder Geflügel können die Inhaltsstoffe von Gräsern ebenso wenig für ihre Ernährung nutzen wie wir Menschen.

Daher können wir Menschen das Grünland nur über den Umweg über die Wiederkäuer verwerten und der Beitrag zur menschlichen Ernährung ist damit deutlich geringer als der von Ackerland. Daher findet man Grünland nur auf solchen Standorten, die nicht im lohnenswerten Maße für den Anbau von Feldfrüchten geeignet sind. Gründe hierfür können zu hohe Niederschläge, Trockenheit, die Steilheit des Geländes oder Flächen sein, die für eine Bodenbearbeitung zu schwierig sind, wie Moor-, Auen- oder Marschböden.

Silage, die moderne Nutzungsform

Landwirte nutzen heute Grünland, indem sie die Flächen von ihren Nutztieren beweiden lassen oder den Aufwuchs mähen und frisch an die Tiere verfüttern. Als Winterfutter wurde über Jahrhunderte das Gras gemäht und unter mehrfachem Wenden in der Sonne getrocknet und so konserviert. Erst in den vergangenen Jahrzehnten löste die Herstellung von Silage diese Arbeitsweise ab. Das Gras wird dazu gemäht, aber nur leicht angetrocknet, zerkleinert und luftdicht in großen Vorratsbehältern eingelagert. In diesen Silos wird durch die Milchsäuregärung der Grünlandaufwuchs für den Winter konserviert. Für den Landwirt, der heute dazu die Leistungsfähigkeit der modernen Landtechnik nutzen kann, bringt diese Arbeitsweise verschiedene Vorteile: Er ist bei der Konservierung weniger von der Witterung abhängig und kann zeitig im Frühjahr mit der Grünlandnutzung beginnen. Dies führt zu mehr Aufwüchsen und damit zu einem höheren Ertrag von der Fläche im Jahr.

Schützenswerte Lebensräume

Damit sind viele traditionelle Grünlandformen bereits verschwunden oder bedroht. Flächen mit einem artenreichen Bestand an Gräsern und Kräutern sind heute nur noch selten zu finden, da viele Kräuter durch den frühen Schnitt kaum mehr die Möglichkeit haben, sich zu versamen. Durch den vermehrten Übergang von der Sommerweide auf eine ganzjährige Stallhaltung bei Rindern fallen Flächen, die nicht mit den modernen Maschinen zu bewirtschaften sind, aus der Produktion und damit auch aus der Pflege. Dies betrifft vor allem eine Sonderform des Grünlands, die Streuobstwiese, da diese Flächen nur mit einem hohen Einsatz an Handarbeit gemäht und damit erhalten werden können.

Daher bildet sich seit Jahren ein neuer Grünlandtyp, das Biotopgrünland heraus. Diese Flächen, wie Wachholderheiden oder seltene Pfeifengras-Streuwiesen, werden nicht mehr in erster Linie bewirtschaftet, um Futter für die landwirtschaftlichen Nutztiere zu gewinnen. Vielmehr stehen sie unter Schutz und werden von Landwirten im Auftrag der Naturschutzverwaltung gepflegt und erhalten. Denn werden Grünlandflächen nicht regelmäßig gemäht oder beweidet, verbuschen sie sehr schnell und es stellt sich im Laufe der Zeit die natürliche Baumvegetation wieder ein.

BILD OBEN: **Eine Wiese ist Lebensraum für eine Vielzahl von Gräsern und Kräutern.**

Pflanzen bestimmen

Auf die Frage, was auf einer Wiese wächst, antworten die meisten Kinder und Erwachsenen spontan mit »Gras«. Doch in Wirklichkeit sind es viele verschiedene Gräser und Kräuter, die hier eine Gemeinschaft bilden. In Abhängigkeit von den Standorteigenschaften, also zum Beispiel dem Nährstoffangebot, der Feuchte oder der Schnitt- oder Beweidehäufigkeit, wachsen ganz unterschiedliche Pflanzen auf dem Grünland. Um dies festzustellen, sucht man sich mit den Kindern auf einem Spaziergang ein Stück Wiese, das man genauer untersuchen will. Die Kinder können nun mit einer Kamera Bilder der verschiedenen Pflanzen machen oder die Pflanzen abschneiden und in einer Tüte mitnehmen. Mit einem Pflanzenbestimmungsbuch kann man anschließend oder zu Hause die Pflanzen benennen, was besonders gut gelingt, wenn die Kräuter und Gräser in Blüte stehen.

+++ Ausprobieren +++ Ausprobieren +++

Nachts auf der Wiese

Viele Heuschrecken singen, kaum dass es dunkel geworden ist, ihr Lied auf der Wiese. Gerade in lauen Sommernächten kann man die schönsten Konzerte dort hören. Für Kinder ist es ein tolles Erlebnis, wenn man auf einer ausgebreiteten Decke bei Einbruch der Dämmerung auf einer Wiese liegt und in sie hineinlauscht. Denn jede der mehr als 80 Heuschreckenarten in Deutschland hat ihr eigenes Lied. Mit etwas Übung kann man sie sogar unterscheiden. Welche Geräusche gibt es sonst noch zu entdecken? Hilfreich sind dabei spezielle CDs, die im Handel erhältlich sind.

Auch daran sollte man denken

Wenn Sie ein Stück Grünland untersuchen möchten, sollten Sie immer bedenken, dass es einem Landwirt gehört, der den Aufwuchs als Futter für seine Tiere nutzen möchte. Viele Versuche und Beobachtungen sind auch vom Rand der Fläche aus möglich, es ist nicht nötig, diese zu betreten. Wählen Sie die Wiese auch so, dass diese nicht unmittelbar an einer »Hunde-Gassi-Strecke« liegt.

Wer lebt sonst noch auf der Wiese?

Neben den Pflanzen ist eine Wiese oder Weide auch Lebensraum für viele kleine Tiere. Oft leben sie gut versteckt und getarnt. Es bedarf eines scharfen Auges, sie zu finden. Die Kinder können nun, ausgerüstet mit Becherlupe oder Kescher, vorsichtig vom Rand aus in den Grünlanddschungel hineinforschen. Schnell werden sie die Bewohner entdecken: Wanzen, Schnecken, Grashüpfer, Käfer, Spinnen, Raupen (Foto: Bläuling).

Nach einer Weile treffen sich alle Kinder wieder mit ihrer »Beute«. Langsame Tiere kann man, damit sie besser betrachtet werden können, auf einem hellen Tuch oder einem Blatt Papier auslegen, schnelle Tiere verbleiben in den Becherlupen. Mit einem Bestimmungsbuch kann man die Tiere anschließend bestimmen oder mit einer Kamera fotografieren. Danach sollte man die Tiere möglichst schnell wieder freilassen.

Pflanzen-Ratespiel

Ein Ratespiel eignet sich für eine größere Runde mit Kindern besonders gut, um die Pflanzen zu bestimmen und kennenzulernen. Die gepflückten Kräuter und Gräser beziehungsweise die ausgedruckten Fotos der Pflanzen liegen dazu in der Mitte, währen die Kinder im Kreis darum sitzen. Ein Kind darf sich in Gedanken, ohne darauf zu zeigen, eine Pflanze aus der Sammlung aussuchen. Nun dürfen alle anderen Kinder der Reihe nach versuchen, durch Fragen, die nur mit »Ja« oder »Nein« beantwortet werden können, die ausgewählte Pflanze herauszufinden.

Um das Spiel spannender zu gestalten, darf die Blütenfarbe nicht genannt werden. Die Fragen können zum Beispiel lauten: »Ist die Pflanze ein Gras?«, »Hat die Pflanze runde Blätter?« oder »Ist der Stängel kantig?« Das Kind, das die entsprechende Pflanze errät und auch deren Namen benennen kann, darf sich nun selbst eine Pflanze aussuchen, die erraten werden soll. So lernen die Kinder spielerisch, dass sie bei der Bestimmung von Pflanzen auf viele Merkmale wie Blattform, Behaarung, Stängel- und Wuchsform usw. achten können und nicht nur auf die Blütenfarbe angewiesen sind.

Gerade nahe an Ballungsgebieten

oder Großstädten findet man sehr häufig Pflanzen in der Feldflur, die auf den ersten Blick mit dem Bauernhof nichts zu tun zu haben scheinen. Verschiedene Salat- oder Gemüsearten, Blumen- und Zierpflanzenkulturen, Baumschulen und Obstanbau sind jedoch ebenso ein Teil der Landwirtschaft wie Wein, Tabak, Hopfen oder Gewürz- und Arzneipflanzen. Man bezeichnet sie als Sonderkulturen oder, wenn es sich um eine mehrjährige Anlage handelt, wie Weinberge oder Obstplantagen, als Dauerkulturen.

Süße Früchtchen und junges Gemüse

Frisch auf den Tisch

Viele Pflanzen stellen oft sehr spezielle Ansprüche an Boden und Klima. So wächst Wein nur in sehr wenigen, klimatisch begünstigten Regionen in Deutschland. Die Anbauregionen anderer Kulturarten haben sich entsprechend ihren Absatzmärkten herausgebildet. Im Umfeld vieler Ballungszentren finden sich Gebiete, in denen die Landwirte hauptsächlich Obst, Gemüse oder Blumen anbauen, die auf kurzen Wegen frisch zu den Verbrauchern in den Städten gelangen können.

Bekannte Beispiele sind hierfür das Knoblauchsland im Dreieck zwischen Nürnberg, Fürth und Erlangen oder das Vorgebirge zwischen Köln und Bonn. Dies war früher, in den Zeiten vor dem Kühlschrank und der Gefriertruhe, bedeutsamer als heute. Diese Strukturen haben sich trotzdem, da die Betriebe zum Beispiel entsprechende Gebäude errichtet haben, bis heute so erhalten.

Diese Regionen zeichnen sich dadurch aus, dass viele der einheimischen Früchte, die wir aus der Obst- und Gemüseabteilung des Supermarktes kennen, dort auf den Feldern wachsen. Das Spektrum reicht von verschiedenen Salatarten über Kräuter wie Schnittlauch oder Petersilie bis hin zu den Kohlarten wie Blumenkohl, Rosenkohl oder Grünkohl. Feldgemüsearten wie Kohlrabi und Möhren finden sich hier oft ebenso wie Gurken, Spargel oder Erdbeeren.

Vielfalt der Anbaumethoden und Arten

Im Gemüseanbau unterscheidet man zwischen dem Feldgemüseanbau, dem gärtnerischen Freilandgemüseanbau und dem Unterglasanbau. Im Feldgemüseanbau wechseln sich Gemüsearten wie Möhren oder Rote Bete mit anderen landwirtschaftlichen Kulturen wie Getreide ab.
Der gärtnerische Freilandgemüseanbau ist gekennzeichnet durch eine Nutzung derselben Anbaufläche durch zwei bis vier Gemüse- oder Salatkulturen in einem Jahr. Im Unterglasgemüsebau wachsen die Pflanzen bis zur Ernte in beheizten oder auch ungeheizten Gewächshäusern oder Folientunneln. Eine weitere Unterteilung des Gemüseanbaus ist durch die angebauten Pflanzen möglich. Hier werden Blattgemüse (Salate, Rhabarber, Spargel), Fruchtgemüse (Tomaten, Zucchini, Gurken), Kohlgemüse (Kohlrabi, Rosenkohl), Wurzelgemüse (Karotten, Rote Bete), Blütengemüse (Blumenkohl, Brokkoli) und Zwiebelgemüse (Zwiebeln, Knoblauch) unterschieden.
Im einheimischen Obstanbau nimmt man die Kategorisierung ebenfalls nach den Früchten vor und unterscheidet Steinobst (Pflaumen, Kirschen, Aprikosen), Kernobst (Äpfel, Birnen, Quitten) und Beerenobst (Erdbeeren, Himbeeren, Heidelbeeren).

Hohe Spezialisierung

Viele der landwirtschaftlichen Betriebe, die in diesem Bereich arbeiten, sind hoch spezialisiert. Ihr Hof erinnert nur in wenigen Punkten an das Bild, das wir von einem typischen Bauernhof haben. Ställe mit Tieren sucht man hier oft vergeblich. Neben Gewächs- und Lagerhäusern haben viele Betriebe jedoch häufig einen eigenen Laden für die Direktvermarktung ihrer Produkte ab Hof.

Die Anlage der Anbauflächen ist für den Landwirt oft mit hohen Kosten verbunden, wie im Weinbau oder bei Obstplantagen. Bei anderen Kulturen hingegen wie bei Erdbeeren, Gurken und Spargel benötigt man für die Ernte eine Vielzahl von Arbeitskräften. Ebenso ist die Pflege meist sehr arbeitsintensiv. Da der Landwirt bei diesen Kulturen stark von den Märkten abhängig ist und auch das Anbaurisiko deutlich höher ist als z.B. bei Getreide, können für die Produkte oftmals höhere Preise erzielt werden als für andere landwirtschaftliche Erzeugnisse. Daher sind die Betriebe deutlich kleiner in ihrer Flächenausstattung als Ackerbau oder Milchviehbetriebe.

BILD OBEN: Der moderne Obstanbau erfolgt in Plantagen mit niedrigwachsenden Bäumen.

Die süßesten Früchte – frisch vom Feld.

+++ Ausprobieren +++ Ausprobieren +++

Erdbeeren selbst ernten

Sommer und Erdbeeren gehören einfach zusammen. Was bereits im März oder April als Import- oder Treibhausware in den Supermärkten zu finden ist, hat bei uns im Freiland erst ab Mai oder Juli Saison. Doch dieses Wissen geht heute, da viele Obst- und Gemüsearten ganzjährig in den Läden verfügbar sind, verloren. Dabei schmecken die Früchte, wenn sie aus der Region stammen und kurze Transportwege hinter sich haben, oftmals viel besser – noch dazu, wenn die Kinder sie selbst auf dem Feld geerntet haben. Viele Bauern bieten Erdbeeren zum Selbstpflücken an. Nicht von ungefähr ist dies ein Erlebnis für die ganze Familie. In der Sommersonne können die Kinder nicht nur die Erdbeeren pflücken und in den Korb legen. Oft dürfen sie die Früchte pflückfrisch direkt in den Mund stecken. Erdbeeren satt! Frischer und gesünder kann man nicht naschen.

Die Kinder erfahren so nicht nur, wo und wie das Obst wächst. Denn schnell ergeben sich spannende Fragen: Weshalb liegt unter den Pflanzen Stroh? Wie sehen die Blüten aus? Wer findet die dickste Erdbeere? Wer frisst die Früchte an? Im Nu sind der mitgebrachte Korb oder die Schale gefüllt. Dann kann zu Hause weiter geschlemmt werden: Erdbeeren mit Schlagsahne oder Vanilleeis, Erdbeer-Shake oder als frische Erdbeermarmelade.

Erdbeermarmelade kochen

Mit Erdbeermarmelade hat man zweimal Freude: Schon beim Kochen holt man sich den Duft des Sommers ins Haus und im Winter hat man mit einem selbst eingemachten Glas schöne Erinnerungen an die zurückliegenden warmen Tage. Erdbeermarmelade geht schnell und schmeckt mit frischen Erdbeeren einfach fantastisch. 1 kg Erdbeeren mit der gleichen Menge Gelierzucker (1:1) in einen

Topf geben und das Ganze mit dem Pürierstab oder Mixeraufsatz fein pürieren. Aufkochen lassen und dabei regelmäßig umrühren. Den Schaum, der sich oben bildet, mit einer Schöpfkelle abnehmen. Sobald die Masse zu Kochen beginnt, einen Spritzer Zitronensaft dazugeben und etwa vier Minuten kochen lassen. Heiß in saubere Gläser füllen, fest mit dem Deckel verschließen und auf den Kopf stellen. Sobald die Marmelade fest wird, Gläser wieder umdrehen.

Ein Garten auf Zeit

Ein eigener kleiner Garten oder ein Stück Land, auf dem man Gemüse und Kräuter anpflanzen kann – für viele Familien ein Traum. Aber in Ballungsgebieten oder direkt in der Stadt ist es oft schwierig, an geeignete Flächen zu kommen. Hier hilft eine Idee, an der sich inzwischen immer mehr Landwirte beteiligen, deren Flächen gut mit öffentlichen Verkehrsmitteln zu erreichen sind. Sie bieten angehenden Selbstversorgern einen eigenen Gemüse- und Blumengarten zum Mieten in Stadtnähe an.

Hier sind verschiedene Gemüsesorten in einzelnen Längsreihen bereits auf die Fläche gepflanzt. Entsprechend den Größenvorstellungen der Pächter werden die Gärten dann quer unterteilt, sodass jeder Garten die gleichen Gemüsesorten enthält. Je nachdem, welche Gartengröße man wünscht, enthält der eine Garten dann etwas mehr von den einzelnen Sorten als der andere.

Viele Gemüsesorten sind möglich: Buschbohnen, Erbsen, Feuerbohnen, Kartoffeln, Kohlrabi, Kürbis, Mairübe, Mangold, Möhren, Landgurke, Petersilienwurzel, Porree, Radieschen, Rote Bete, Rotkohl, Salate, Spinat, Spitzkohl, Zucchini, Zuckerschoten und Zwiebeln. Viele davon sind schon gepflanzt, aber es bleibt oft noch genug Fläche für die eigene, persönliche Aussaat. Damit stehen eine ganze Saison lang immer frisches Gemüse und bunte Blumen zur Verfügung. Treten Fragen zur Pflege auf, stehen die Landwirte mit ihrem Wissen gerne bereit und helfen weiter.

Die Naturfreunde pflegen dann die Pflanzen selbst, können ernten und immer wieder nachsäen. Wasser zum Gießen sowie Werkzeuge werden oft zur Verfügung gestellt. Für die Pflege und das Ernten sollte man wenige Stunden pro Woche einplanen. Schnell wird man aber merken, dass es Spaß macht, auch mal mit seinem Gemüsegartennachbarn zu plaudern, den Kindern die Pflanzen zu erklären oder einfach den eigenen Garten zu genießen. So ein »Garten auf Zeit« ist ein intensives Erlebnis vom Frühling bis zum Herbst.

BILD OBEN: Ein Garten ist ein intensives Naturerlebnis.

Landleben

Feld-arbeiten

Heute werden die meisten Arbeiten auf dem Feld mit Maschinen ausgeführt. Handarbeit ist nur noch selten, etwa bei der Ernte in Sonderkulturen, gefragt.

Brauchtum

Früher wurde das Leben auf dem Land durch zahlreiche Feste und Gebräuche untergliedert. Manche dieser Traditionen haben bis heute Bestand.

Öko-landbau und Naturschutz

Immer mehr Landwirte wirtschaften heute nach ökologischen Richtlinien und fühlen sich dem Naturschutz verpflichtet.

Feldarbeiten – das Getreidefeld im Jahreslauf

Auf mehr als der Hälfte aller Ackerflächen in Deutschland wächst Getreide. Daher begegnen uns Getreidefelder auf jedem Spaziergang und bei jeder Wanderung. Im Herbst und Winter nehmen wir die kleinen Pflänzchen kaum wahr. Im Frühjahr wogen die grünen Ähren wie Wellen im Wind, während im Hochsommer das satte Goldgelb der reifen Ähren und Halme die Landschaft dominiert. Die ersten abgeernteten Stoppelfelder zeigen uns schließlich deutlich, dass das Jahr seinen Höhepunkt bereits überschritten hat.

Aussaat

Im späten Herbst, ab Mitte Oktober, ist die Zeit für die Aussaat von Wintergetreide. Zunächst wendet der Landwirt mit einem Pflug den Boden. Mittels einer Bodenanalyse hat er festgestellt, welche Nährstoffmengen noch im Boden vorhanden sind, und gleicht die fehlende Menge mit zusätzlichem Dünger aus. Nachdem sich der Boden nach dem Pflügen abgesetzt hat, kann die eigentliche Aussaat beginnen. Der Landwirt hat dazu eine Sämaschine und eine Kreiselegge an seinem Traktor angebaut. In einem Arbeitsgang schafft die Egge ein feinkrümeliges Saatbeet. Die Sämaschine legt die Getreidekörner in langen Reihen im Boden ab, deckt sie mit etwa 2 cm Erde zu und verfestigt mit einer Walze die Saat. So erhalten die Körner einen guten Wasseranschluss.

Auskeimen und Überwinterung

Schon nach kurzer Zeit beginnen die Körner zu keimen. Drei bis vier Keimwurzeln schieben sich in die Erde und wenig später durchbricht das erste grüne Blatt den Ackerboden. Die Saat ist »aufgelaufen«. Das kleine Pflänzchen nutzt das Sonnenlicht und wächst, bis es etwa drei bis fünf Blätter besitzt. Jetzt zeigen sich im Getreidebestand in regelmäßigen Abständen Fahrspuren, in denen keine Pflanzen wachsen. Der Landwirt nennt sie Fahrgassen; er hat sie während der Aussaat bereits angelegt. Sie erleichtern dem Landwirt die Ausbringung von Pflanzenschutzmitteln und Dünger.

Im Winter wächst die Pflanze nur sehr langsam oder stellt unterhalb einer Temperatur von 5 °C ganz das Wachstum ein. Starken Frost vertragen die meisten Getreidearten sehr gut, sie benötigen sogar einen Kältereiz, um überhaupt später Blüten und Früchte bilden zu können.

Die Aussaat von Wintergetreide erfolgt bereits im Herbst.

Das Frühjahr ist die Zeit des Wachstums.

Die Wachstumsphase

Mit den ersten Sonnenstrahlen im Frühjahr und dauerhaften Temperaturen über 5 °C beginnen die Pflanzen wieder zu wachsen. Schnell bilden sich fünf bis sechs Seitentriebe aus. Der Landwirt sagt, die Pflanze »bestockt«. Aus diesen Seitentrieben entwickeln sich später vollständige Ähren aus. Der Landwirt unterstützt dieses Wachstum mit einer Gabe von Stickstoffdünger.

Damit die Getreidepflanzen nicht von unerwünschten Beikräutern überwachsen werden, beobachtet der Landwirt jetzt seine Felder genau, um zum richtigen Zeitpunkt eine Pflanzenschutzbehandlung durchzuführen. Mit einer Pflanzenschutzspritze bringt er chemische Mittel aus oder er bekämpft die Beikräuter mit einem Hackstriegel, der unerwünschte Pflanzen herausreißt.

Nach dem Bestocken setzt das Längenwachstum, das Schossen, ein. Die Halme strecken sich und die Pflanze erreicht schnell eine stattliche Höhe. Ende Mai bis Juni, sobald das letzte Blatt der Pflanzen, das Fahnenblatt, entrollt ist, schiebt sich die Ähre aus der Blattscheide des obersten Blattes heraus. Jetzt beginnt das Getreide zu blühen. Nach der Befruchtung entwickeln sich aus der Blüte die Körner. Das Wachstum der Körner und deren Qualität hängen jetzt stark von den Witterungsbedingungen ab. Ideal sind ausreichende Niederschläge und keine zu heißen Temperaturen.

Die Ernte

Schon bald im Sommer färben sich die grünen Pflanzen goldgelb. Die Körner sind nun voll entwickelt und werden hart. Wenn sie sich nicht mehr von Hand brechen lassen, ist die Mähdruschreife erreicht und die Ernte kann beginnen. Der Mähdrescher schneidet die Halme ab und befördert sie in das Innere der Maschine. In der Dreschtrommel werden die Körner aus den Ähren geschlagen. In mehreren Reinigungsschritten werden die Körner von Stroh und Ährenbestandteilen, der Spreu, getrennt. Während die Körner im Korntank gesammelt werden, werden Stroh und Spreu meist zerkleinert und auf das Feld geworfen. Ist der Korntank voll, werden die Körner auf einen Anhänger geladen und abgefahren.

Möglichst bald nach der Ernte wird das Stoppelfeld mit einem Grubber bearbeitet, der Stroh und Stoppeln mit dem Boden oberflächig durchmischt. Dies bewirkt, dass sich die Stroh- und Wurzelreste besser zersetzen.

Ab Juli rollen die Mähdrescher über die Getreidefelder.

Stroh wird in Ballen gepresst und abgefahren.

+++ Ausprobieren +++ Ausprobieren +++

Was lebt im Boden?

Der Boden ist die wichtigste Grundlage für die Landwirtschaft, denn Boden lässt sich nicht vermehren. Es dauert Hunderte von Jahren, bis sich ein Zentimeter fruchtbarer Ackerboden gebildet hat. Daher ist der Landwirt immer bestrebt, seinen Boden zu schützen und fruchtbar zu halten. Das muss er allerdings nicht alleine vollbringen. Milliarden von Lebewesen im Boden helfen ihm dabei. In einer Handvoll Boden gibt es weit mehr Lebewesen als Menschen auf der Erde. Auf einem Quadratmeter in der oberen Bodenschicht leben geschätzt eine Billiarde Bakterien. Aber auch größere Lebewesen findet man dort: Regenwürmer, Springschwänze, Tausendfüßer, Asseln und viele weitere Tiere.

Mit den Kindern können Sie den Ackerboden sehr schön untersuchen. Geben Sie einige Handvoll Ackerboden in eine flache Schale. Wenden Sie mit einem Taschenmesser oder einem Stöckchen die Krümel und spüren Sie die verschiedenen Bodentiere auf. Mit einer Lupe und einer Bestimmungsliste (Buch, Internet) lassen sich die Bodenbewohner leicht vor Ort identifizieren. Lassen Sie die Tiere dann wieder frei.

Das Feld im Jahresverlauf

Liegt ein Feld in der Nähe Ihrer Wohnung, auf dem Weg zur Schule oder zum Kindergarten, so können Kinder den Jahreslauf gut beobachten. Intensiver wird dies durch ein »Feldtagebuch«. In ein leeres Heft tragen die Kinder mit Datum ein, was sie auf dem Feld beobachten. Wann wird es eingesät? Wie hoch ist zum Beispiel das Getreide? Welche Tiere oder Beikräuter kommen auf dem Feld vor? Wann wird geerntet? Ergänzen können die Kinder die Beobachtungen durch Bilder, die sie regelmäßig mit der Kamera aufnehmen oder selbst zeichnen.

Wie zersetzen sich Pflanzenreste?

Nach jeder Ernte bleiben auf dem Feld Reste der Pflanzen zurück. Bei Getreide sind dies zum Beispiel die Wurzeln und Stoppeln, aber auch Stroh, Ährenreste und ausgefallene Körner. Im Frühjahr sind diese Reste dann meist verschwunden. Wie funktioniert das?

Die unzähligen kleinen und großen Lebewesen, die im Boden leben, zersetzen die Pflanzenreste in ihre kleinsten Bestandteile und helfen so, die Bodenfruchtbarkeit zu erhalten. Je kleiner der Landwirt diese Reste hinterlässt und je besser er sie mit dem Ackerboden mischt, desto schneller werden sie abgebaut.

Von einem Feld können die Kinder eine Tüte mit Stroh nach Hause nehmen. Füllen Sie die Blumentöpfe bis 3 cm unter dem Rand mit Erde. In einen Blumentopf legen die Kinder das Stroh unzerkleinert oben auf die Erde. In ein weiteres Gefäß geben sie Stroh, das sie mit der Schere in kleine Stückchen geschnitten haben, und lassen es auf der Oberfläche liegen. Im dritten Blumentopf durchmischen die Kinder das ebenfalls zerkleinerte Stroh mit der Erde. Jetzt sollte man die Erde schön feucht halten und jeweils mit einem Teller oder Holzbrettchen abdecken. Alle paar Tage können nun die Kinder kontrollieren, wo sich das Stroh am schnellsten zersetzt.

Was schlummert im Ackerboden?

Viele Samen von Wildkräutern können Jahre oder sogar Jahrzehnte im Boden schlummern. Erst wenn die Umstände für den Samen so Erfolg versprechend sind, dass er sich zur Pflanze entwickeln kann, um dann selbst Samen zu tragen, fängt er an zu keimen.

Nehmen Sie von einem frisch umgepflügten Feld einige Handvoll Boden mit nach Hause und geben Sie diese in einen Blumentopf. Stellen Sie diesen auf die Fensterbank oder den Balkon und halten Sie die Erde schön feucht. Schon bald werden sich die ersten Wildkräuter zeigen. Sie werden erstaunt sein, welche Vielfalt Sie in dem Blumentopf finden werden. Mittels eines Bestimmungsbuches lassen sich die Pflanzen benennen.

Versuch für den Blumentopf: Was passiert mit dem Stroh, das oben auf der Erde liegt?

Düngung

»Von nichts kommt nichts«, sagt ein altes Sprichwort. Dies trifft auch für die Düngung von Pflanzen zu. Denn für ihr Wachstum benötigen Pflanzen Nährstoffe, die sie überwiegend über die Wurzeln aufnehmen. Doch mit der Ernte werden dem Boden, und damit auch der Frucht im Folgejahr, Nährstoffe entzogen.

Das Phänomen haben schon die ersten Ackerbauern beobachtet. Nach einer Weile ließen die Erträge auf den Feldern nach. Man musste dann eine andere Fläche bestellen oder weiterziehen und neues Land urbar machen. Im Mittelalter behalf man sich mit der Drei-Felder-Wirtschaft. Hier wurde immer ein Drittel der Felder nicht bestellt, sondern man ließ die Tiere darauf weiden, die mit ihren Ausscheidungen den Boden düngten. Trotzdem blieb die Zufuhr von Nährstoffen eines der größten Probleme im Pflanzenbau.

BILD OBEN: Mist ist für den Landwirt auch heute noch ein wertvoller Dünger.

Was Pflanzen wachsen lässt

Ab dem 19. Jahrhundert begann man neben tierischen und menschlichen Exkrementen auch Asche, Kalk oder kalkhaltigen Mergel als Dünger zu verwenden. Um 1840 erkannte der Chemiker Justus von Liebig die wachstumsfördernde Wirkung von Stickstoff, Phosphaten und Kalium. Allgemein bekannt wurde Liebig durch das von ihm formulierte »Minimumgesetz der Pflanzenernährung«. Es besagt, dass der mögliche Ertrag einer Nutzpflanze durch das Hauptnährelement begrenzt wird, das nicht in ausreichender Menge zum Bedarfszeitpunkt der Pflanze zur Verfügung steht. Dargestellt wird es oft durch ein altertümliches Holzfass, bei dem die einzelnen Längshölzer, die Fassdauben, den Nährstoffen entsprechen. Die Daube, die am niedrigsten ist, bestimmt, wie weit das Fass gefüllt werden kann. Stickstoff erhielt man zunächst in Form von Nitraten, vor allem durch den Einsatz von Guano. Dies ist eine Substanz, die sich aus den Exkrementen von Seevögeln bildete und sich in meterhohen Schichten auf Inseln in Südamerika anhäufte. Da die Guanovorräte jedoch schnell verbraucht waren, entwickelte man Methoden, Nitrate synthetisch zu erzeugen.

Die technische Stickstoffsynthese

Den Durchbruch schaffte Anfang des 20. Jahrhunderts der Chemiker Fritz Haber mit der katalytischen Ammoniaksynthese. Darauf aufbauend, fand der Industrielle Carl Bosch ein Verfahren, das die Herstellung von Ammoniak in großen Mengen ermöglichte. Auf Grundlage dieses Haber-Bosch-Verfahrens erfolgte die Produktion von synthetischem Stickstoffdünger, dem sogenannten Kunstdünger. Seit Mitte des letzten Jahrhunderts gibt es synthetische Dünger in unterschiedlicher Zusammensetzung der Nährstoffkomponenten.

Im Wesentlichen unterscheiden die Landwirte heute zwischen synthetischen Düngemitteln, die der Betrieb zukauft, und organischen Düngern, die meist aus dem Betrieb selbst kommen. Dazu zählen tierische Exkremente wie Gülle, Mist und Jauche, aber auch pflanzliche Stoffe wie Pflanzenreste oder Kompost. Zugekaufte organische Düngemittel können Klärschlamm, Fischmehl oder Hornspäne sein. Synthetische Düngemittel werden meist mit dem Düngerstreuer ausgebracht. Gülle und Jauche werden als Flüssigkeiten mit dem Güllefass oder Tankwagen verteilt. Festmist streut der Landwirt mit dem Miststreuer auf die Felder.

Umsichtiger Einsatz von Dünger

Beim Düngen galt lange Zeit die Devise »viel hilft viel«. Im letzten Viertel des 20. Jahrhunderts erkannte man jedoch, dass eine übermäßige Düngung die Umwelt und das Grundwasser schädigten. Durch politische Maßnahmen, eine geänderte Beratung der Landwirte und verbessere Ausbringungstechniken ist der Verbrauch an Düngemitteln in Deutschland seit 1985 deutlich zurückgegangen. Seit 1996 regelt die Düngeverordnung die Ausbringung von Dünger auf landwirtschaftlichen Nutzflächen. Ihr Ziel ist es, die Nährstoffverluste und damit auch langfristig die Nährstoffeinträge in die Gewässer und andere Ökosysteme zu verringern. Hierfür müssen die Landwirte regelmäßig Bodenuntersuchungen durchführen.

BILD OBEN: Gülle wird über Schläuche direkt in den Boden eingebracht.

Pflanzenschutz?

Die Natur ist grausam. Wer nicht stark oder schnell genug ist, wird verdrängt und geht am Ende unter. Denn die Ressourcen für das Leben, wie Nahrung, Wasser, Raum oder Licht, sind für alle begrenzt. Dies gilt in besonderem Maße für unsere Nutzpflanzen. Denn im Vergleich zu vielen anderen wild wachsenden Pflanzen sind sie sehr konkurrenzschwach, krankheitsanfällig und verfügen oftmals über keine Schutzmechanismen, die Feinde abwehren.

Daher benötigen sie, wenn sie ausreichend Ertrag bringen sollen, den Schutz des Menschen. Diese Feststellung ist so alt wie der Ackerbau selbst. Und ebenso alt sind viele Maßnahmen, die das Wachstum der Nutzpflanzen fördern sollen.

BILD OBEN: Ständig im Blick: Sind die Pflanzen noch gesund oder leiden sie beispielsweise unter Rostpilzen?

Die Konkurrenz schläft nicht

Eine frisch gepflügte Fläche ist ein Eldorado für Wildsamen. Denn Licht, Wärme, Bodenstruktur und Wasser sind für sie optimal, um zu keimen. Oftmals werden Samen von Wildpflanzen durch die Bodenbearbeitung an die Erdoberfläche gebracht. Auch Samen, die zum Beispiel der Wind anträgt, werden durch diese Bedingungen zur Keimung angeregt und wachsen schnell zu stattlichen Pflanzen heran, oft schneller als die Nutzpflanzen.

Nun beginnt der Kampf um die Lebensgrundlagen. Die Wildpflanzen entziehen den Ackerpflanzen Wasser und Nährstoffe, überwachsen diese und nehmen ihnen damit das Licht für eine optimale Entwicklung oder verwenden die Nutzpflanzen als Rankhilfe.

Ein gefundenes Fressen

Aber auch Fraßfeinde machen unseren Nutzpflanzen das Leben schwer. Diese sind bei uns zwar nicht so spektakulär wie in südlichen Ländern zum Beispiel die Heuschreckenschwärme, aber sie sind dennoch vorhanden. Jeder von uns kennt das aus dem eigenen Garten oder Balkon. Kaum sind die Pflanzen in der Erde, schon interessieren sich die ersten Tiere, wie Schnecken, Raupen oder Blattläuse, dafür. Auf frisch eingesäten Feldern kann man manchmal beobachten, dass ganze Scharen von Krähen Korn für Korn wieder aus dem Boden holen. Kartoffelpflanzen werden gerne vom Kartoffelkäfer aufgesucht und sind, wenn keine Gegenmaßnahmen erfolgen, schnell kahl gefressen. Aber auch Säugetiere, von der Maus bis zum Wildschwein, finden auf Feldern ein breites Nahrungsangebot.
Neben diesen gut sichtbaren Feinden gibt es noch unzählige Bakterien, Viren oder Pilze, die die Nutzpflanzen attackieren. Mehltau, der sich als weißlicher Film auf Blättern niederlässt, kennen viele aus dem heimischen Garten. Der bekannteste Schädling dieser Art ist der Pilz *Phytophthora infestans*, der Erreger der Kraut- und Knollenfäule der Kartoffel. Sie führte im Jahr 1845 zum Totalausfall der Kartoffelernte in Irland und damit zur Großen Hungersnot. Auch heute noch ist dies die wichtigste Kartoffelkrankheit.

Pflanzenschutz einst und heute

Früher waren die Nutzpflanzen den Krankheiten oft schutzlos ausgeliefert. Unerwünschte Wildkräuter wurden mit der Hacke entfernt, tierische Schädlinge, wie der Kartoffelkäfer, von Hand abgesammelt, Vogelscheuchen sollten Vögel von den Feldern fernhalten. Heute kann der Pflanzenschutz auf moderne Maßnahmen zurückgreifen.

Dabei unterscheidet der Landwirt zwischen biologischem und chemischem Pflanzenschutz. Zum biologischen Pflanzenschutz zählen mechanische Maßnahmen, wie das Hacken von Unkraut oder das Anbringen von Zäunen und Vogelschutznetzen, die das Abfressen der Früchte verhindern sollen. Ebenso werden Pflanzen gezielt gestärkt, da schwache Pflanzen anfälliger gegen Feinde sind.

BILD OBEN: Der Maiszünsler, genauer seine Raupe, ist ein gefürchteter Schädling.

Aktiv werden auch gezielt die Gegenspieler von Schadinsekten vermehrt, wie zum Beispiel Marienkäfer, die die Blattläuse fressen. Ebenso zählen Fallen oder Leimringe zum biologischen Pflanzenschutz.

Der chemische Pflanzenschutz setzt auf die aktive Bekämpfung von Schädlingen mit synthetisch-chemischen Substanzen.

Ohne Pflanzenschutz wären die Erträge in der Landwirtschaft deutlich geringer und damit auch unsere Versorgung mit Lebensmitteln gefährdet. Schätzungen gehen weltweit von durchschnittlichen Mindererträgen zwischen 30 und 50 Prozent aus, was auch totale Ernteausfälle bei einzelnen Nutzpflanzen oder in einzelnen Regionen mit einschließt.

+++ Ausprobieren +++ Ausprobieren +++

Greifvogelstangen bauen

Greifvögel sind die natürlichen Gegenspieler von Mäusen, die oft große Schäden in Obstplantagen oder auf Wiesen und Weiden anrichten können. Sitzstangen, von denen sie nach Beute Ausschau halten können, helfen ihnen bei der Jagd.

Um eine solche Sitzstange zu bauen, benötigt man eine etwa 4 m lange Dachlatte und zwei kurze Holzstücke von ca. 40 cm Länge. Als Werkzeug sollte man Schrauben und Schraubenzieher und einen Spaten dabeihaben.

Für den Bau verschraubt man die lange Leiste am Ende im rechten Winkel mit einer der beiden kurzen Leisten. Als Verbindung und zusätzliche Stütze wird die zweite kurze Leiste schräg zwischen die beiden Leisten geschraubt. Damit die Stange gut steht, gräbt man ein mindestens 40–50 cm tiefes Loch in die Erde, in das man die Stange nun stellt. Damit sie nicht so schnell in der Erde verfault, sollte man das Loch mit Kies und Steinen auffüllen. Diese leiten das Regenwasser schnell ab und sorgen so dafür, dass das Holz trocken bleibt. Meist wird der Ansitz schnell angenommen und man kann die Greifvögel gut beobachten.

Gelbschalen beim Raps

Jede Bekämpfung von Schädlingen oder Unkräutern kostet den Landwirt Zeit und Geld. Die Entscheidung, ob eine Pflanzenschutzmaßnahme tatsächlich durchgeführt werden muss, trifft der Landwirt, indem er die Schädlinge zählt.

Dies kann man sehr einfach in einem Experiment nachvollziehen. Man nimmt eine flache Schale, die in ihrem Gelbton der Rapsblüte ähneln sollte, und stellt sie im April oder Mai auf dem Feld oder auch im Garten auf. In die Schale gibt man Wasser mit etwas Spülmittel, das die Oberflächenspannung des Wassers bricht. Von der gelben Farbe werden bestimmte Schädlinge, wie der Rapserdfloh oder der Rapsstängelrüssler angelockt und fallen ins Wasser. Nach einigen Tagen kann man feststellen, wie viele Schadtiere in die Falle gegangen sind. Auf die Schale sollte man nach Möglichkeit ein Gitter mit einer Maschenweite von etwa 8 x 8 mm legen, damit große Nutzinsekten, wie zum Beispiel Hummeln, nicht ins Wasser fallen können.

Mist und Kompost als Dünger

»Iiih, der Haufen stinkt aber!« Ist man mit Kindern auf einem Bauernhof, so hört man diesen Ausruf, sobald man vor einem Mist- oder Komposthaufen steht, mit großer Sicherheit.

Marienkäfer bei der Jagd beobachten

Die Lieblingsnahrung von Marienkäfern und ihren Larven sind Blatt- und Schildläuse, die große Schäden in Pflanzenbeständen anrichten können. Wenn genügend Nahrung vorhanden ist, fressen Marienkäfer bis zu 50 Läuse, also mehrere tausend während ihres gesamten Lebens. Setzt man Marienkäfer oder deren Larven auf Pflanzen mit vielen Blattläusen, können Kinder die Jagd der beliebten Insekten schnell und einfach beobachten.

Die Ausscheidungen der Tiere oder verrottendes pflanzliches Material werden oft als störend empfunden oder als Abfall bezeichnet. Der wertvolle Dünger, der in diesem Haufen steckt, bleibt den Kindern auf den ersten Blick meist verborgen. In einem Experiment lässt sich aber die Wirkung von Mist und Kompost als Dünger gut demonstrieren, sofern man ein bisschen Geduld mitbringt. Denn am besten wird der Effekt der Düngung mit dem Wachstum von Pflanzen sichtbar und das dauert eine Weile.

Nehmen Sie vom Bauernhof in einer Plastiktüte oder einem Eimer etwas bereits zersetzten Mist oder Kompost für einen Pflanzversuch mit nach Hause. Beschriften Sie dort mehrere Blumentöpfe mit einem wasserfesten Stift. Füllen Sie die Töpfe mit verschiedenen Mischungen aus Kompost oder Mist, Erde und Sand. In einen Topf können Sie reinen Kompost oder Mist geben. Den zweiten füllen Sie mit Gartenerde, in den dritten kommen drei Teile Gartenerde und ein Teil Kompost. In den vierten Topf geben Sie zwei Teile Gartenerde und zwei Teile Sand und in den fünften Topf kommen Gartenerde und Mineraldünger (aus dem Gartencenter) in der Menge, die der Hersteller empfiehlt. Notieren Sie auf einem Zettel, welche Mischungen sich in den Töpfen befinden.

Nun dürfen die Kinder in jeden Topf 2–3 Bohnen, je nach Topfgröße, pflanzen. Die Erde wird anschließend gewässert und mit einer durchsichtigen Folie, in der sich einige Luftlöcher befinden, überspannt. Nun kommen die Töpfe auf den Balkon oder in den Garten. Die Kinder kontrollieren und gießen regelmäßig, sodass die Erde schön feucht bleibt.

Sobald die Bohnen auskeimen, können die Folien entfernt werden. Jetzt wird es spannend. Wie schnell keimen die Bohnen? Keimen alle? Wie groß sind die Pflanzen nach 14 Tagen? Gibt es Unterschiede in der Farbe der Blätter? Welche Bohne wird am Ende am größten? Die Kinder können das Wachstum genau protokollieren und so feststellen, dass Mist und Kompost wertvolle natürliche Dünger sind.

Zu viel ist auch nicht gut!

Dass zu viel Dünger auch nicht gut für die Pflanzen ist, lässt sich mit dem oben beschriebenen Versuch ebenfalls demonstrieren. Geben Sie in einen weiteren Blumentopf ein Vielfaches der Menge an Mineraldünger, die der Hersteller empfiehlt. Im Vergleich zum optimal gedüngten Topf wird man beobachten können, dass die Pflanzen sich nur schlecht entwickeln oder sogar eingehen.

Abenteuer Komposthaufen: Was bewirkt Kompost?

Ökologische Landwirtschaft

Bereits um das Jahr 1920 waren die ersten Landwirte mit den modernen Entwicklungen in der damaligen Landwirtschaft nicht mehr einverstanden und verfolgten einen eigenen, alternativen Weg. Seitdem bezeichnet man diese Erzeugung von Lebensmitteln und anderen landwirtschaftlichen Erzeugnissen auf der Basis möglichst naturschonender Produktionsmethoden als ökologische, biologische oder alternative Landwirtschaft. Dabei werden in besonderem Maße die Erkenntnisse der Ökologie und des Umweltschutzes berücksichtigt. Inzwischen ist in Deutschland fast jeder zwölfte landwirtschaftliche Betrieb ein Öko-Hof, mit steigender Tendenz.

Ziel des ökologischen Anbaus ist es, möglichst geschlossene betriebliche Kreisläufe zu erreichen. Das Futter für die Tiere sowie die Nährstoffe für die Pflanzen sollen weitestgehend aus dem eigenen Betrieb kommen. Weiterhin wollen die Landwirte die Bodenfruchtbarkeit steigern sowie die Tiere möglichst artgerecht halten.

BILD OBEN: Auf Öko-Betrieben ein vertrautes Bild: Mit dem Hackstriegel werden die Beikräuter bekämpft.

Schonende Arbeitsabläufe

Auf den ersten Blick unterscheiden sich ökologische Betriebe kaum von ihren konventionellen Nachbarn. Doch in der Arbeitsweise der Landwirte bestehen deutliche Unterschiede. Im Pflanzenschutz spritzen sie keine chemisch-synthetischen Mittel. Vielmehr setzen sie auf Vorsorge und bauen weniger anfällige Sorten an, fördern gezielt natürliche Nützlinge und bekämpfen Wildkräuter mechanisch.

Für die Düngung verwenden sie keine leicht löslichen, mineralischen Düngemittel. Sie beziehen stattdessen die Nährstoffe aus Mist, Gülle oder Kompost, aus anderen langsam wirkenden natürlichen Düngestoffen oder bauen Leguminosen als Stickstoff sammelnde Pflanzen an. Der Ackerbau der Öko-Betriebe ist vielfältiger. Die Landwirte bauen im Vergleich zu ihren konventionellen Kollegen mehr Pflanzenarten an und erreichen so eine abwechslungsreiche, weite Fruchtfolge.

Grundlage der ökologischen Viehwirtschaft ist eine möglichst artgerechte Haltung der Tiere. Robuste und gegenüber Krankheiten widerstandsfähige Rassen werden bevorzugt. Die Anzahl der Tiere, die der Hof halten darf, ist begrenzt und hängt von seiner Fläche ab, da das Viehfutter möglichst aus dem eigenen Betrieb kommen soll und kaum Futtermittel zugekauft werden dürfen. Auf den Einsatz von Antibiotika soll weitestgehend verzichtet werden. Lange Lebendtransporte von Schlachtvieh über große Distanzen werden in der Ökolandwirtschaft abgelehnt.

Regionaler Absatz

In der ökologischen Wirtschaftweise ist der Aufwand, bedingt durch mehr Handarbeit und zusätzliche Arbeitsgänge, im Vergleich zum konventionellen Anbau deutlich höher. Zudem sind die Erträge geringer, da keine synthetischen Dünge- und Pflanzenschutzmittel eingesetzt werden. Außerdem bauen die Landwirte oft ertragschwächere, aber krankheitsresistentere Sorten an oder halten alte, langsamer wachsende Nutztierrassen wie das Schwäbisch-Hällische Schwein. Dies führt dazu, dass die Produkte teurer sind. Der Absatz der Erzeugnisse findet nach Möglichkeit unter den Gesichtspunkten eines regionalen Kreislaufs statt. Daher besitzen viele Biobetriebe einen eigenen Hofladen, verkaufen ihre Produkte auf Wochenmärkten oder liefern sie als Abo-Kisten direkt zu den Verbrauchern. Allerdings werden inzwischen immer mehr Bio-Lebensmittel auch über die großen Lebensmittelhändler verkauft.

Unterschiedliche Verbände

Die Richtlinien, wie Biobetriebe ihre Pflanzen anbauen und ihre Tiere halten dürfen, sind in der europäischen Union streng geregelt. Diese Mindeststandards, die erfüllt sein müssen, damit die Produkte mit einem Bio-Logo verkauft werden dürfen, gelten für alle Betriebe. In Deutschland gehören viele Öko-Höfe einem ökologischen Anbauverband an, etwa Bioland, Demeter, Naturland, Biokreis, Biopark, Ecoland oder Ecovin. Die Regeln dieser Verbände sind zum Teil deutlich strenger als die Vorgaben der EU. Aber eine Mitgliedschaft hier ist keine Pflicht.

Die Kontrollen, damit alle Betriebe diese Regeln einhalten, werden von unabhängigen Stellen durchgeführt. Denn dort, wo »bio« draufsteht, darf auch nur »bio« drin sein!

Landwirtschaft und Natur

Weite geschlossene Wälder, durchsetzt mit Bächen, Flüssen, Mooren und Seen – so sah die Landschaft in Mitteleuropa aus, ehe der Mensch sesshaft wurde. Als Jäger und Sammler griff er nur in geringem Umfang in die Natur ein und zog dann weiter. Mit der Einführung des Ackerbaus wandelte sich dieses Bild jedoch dramatisch. Der Mensch rodete den Wald, entwässerte Moore, begradigte die Flüsse und Bäche. Aus der Naturlandschaft schuf er so die Kulturlandschaft, wie wir sie heute kennen, mit offenen, abwechslungsreichen Regionen, mit Äckern, Wiesen und Weiden.

Selbst der Wald, für viele der Inbegriff von Natürlichkeit, ist schon längst kein Urwald mehr, sondern von Menschenhand gepflanzt und gepflegt. So werden heute 84 Prozent der Fläche in Deutschland land- und forstwirtschaftlich genutzt. Der Rest sind Wohn- oder Industrieflächen, Straßen, Seen, Flüsse oder Berge.

BILD OBEN: Eine Leistung der Landwirte: eine offene und abwechslungsreiche Kulturlandschaft.

Eine artenreiche Kulturlandschaft

Viele Jahrhunderte lang stand in Mitteleuropa der Kampf um ausreichende Nahrung im Mittelpunkt des Strebens eines Großteils der Bevölkerung. Wegen der geringen Erträge der Nutzpflanzen und des hohen Risikos von Ernteausfällen, musste jeder Quadratmeter für die Erzeugung von Lebensmitteln genutzt werden. Doch genau durch diese landwirtschaftliche Nutzung ist die Vielfalt der Tier- und Pflanzenarten, der Artengemeinschaften und Lebensräume bei uns erst entstanden. Durch die offeneren Landschaften konnten Arten zuwandern und sesshaft werden, die im ursprünglich dichten Wald keine Überlebenschance gehabt hätten.

Negative Auswirkungen durch Intensivierung

Und doch steht die Landwirtschaft seit dem vergangenen Jahrhundert vermehrt in der Kritik. Mineraldünger, Pflanzenschutzmittel,

Monokulturen und Flurbereinigung sind die häufigsten Schlagworte, wenn davon die Rede ist, dass die Landwirtschaft unsere Umwelt gefährdet und sogar einzelne Arten zum Aussterben bringt.

Tatsächlich geht die Anzahl der Arten in Deutschland schon seit mehr als einem halben Jahrhundert zurück. Die Ursachen dafür sind allerdings vielfältig und reichen weit über die Landwirtschaft hinaus. Bebauung, Auffüllung und Beseitigung von Sonderstandorten, Entwässerung, Zerschneidung von Lebensräumen durch Straßen sind ebenso dafür verantwortlich wie die Aufgabe von traditionellen landwirtschaftlichen Wirtschaftsweisen und Kulturarten.

Wenn zum Beispiel Hafer oder Flachs nicht weiter angebaut werden, weil keine Nachfrage für diese Produkte mehr vorhanden ist, wird natürlich auch die Kulturartenvielfalt eingeengt. Wenn der Saft aus Äpfeln von einheimischen Streuobstwiesen verschmäht wird, weil die Importe von Apfelsaftkonzentraten preisgünstiger sind, dann verschwindet auch der Lebensraum mit all seiner Vielfalt an Tieren und Pflanzen.

Rückzugsgebiete für die Natur

Aus Fehlern der Vergangenheit hat auch die Landwirtschaft heute ihre Lehren gezogen. Auf freiwilliger Basis, aber auch durch Gesetze und Verordnungen ist die Arbeit der Bauern umweltverträglicher geworden. Neue wissenschaftliche Erkenntnisse werden in die Praxis umgesetzt und fließen in die tägliche Arbeit der Landwirte mit ein. Die Ansaat von Blühstreifen, das späte Mähen von Flächen, auf denen Wiesenbrüter ihr Nest bauen, oder die naturnahe Bewirtschaftung von Gewässerrändern sind nur einige Beispiele dafür.

Schwindende Flächen

Doch wie viel Natur können wir uns in Deutschland leisten? Stellen Sie sich einen Fußballplatz vor. Die Mannschaften sind noch in der Kabine, lediglich die beiden Linienrichter sind schon auf dem Spielfeld. Eine Person auf gut 4.000 m², so stellt sich die durchschnittliche Bevölkerungsdichte in Deutschland dar. Auf dieser kleinen Fläche pro Einwohner wollen Nahrungsmittel produziert, Grundwasser gebildet und Luft zum Atmen erzeugt werden. Das Areal muss reichen für Wohn-, Industrie-, Verkehrs- und Erholungsflächen.

Pro Tag gehen in Deutschland 100 Hektar an Acker- und Grünland durch Überbauung verloren. Zwischen 1992 und 2011 summierte sich diese Fläche auf 8.500 km². Dies ist mehr als die Hälfte der Fläche des Bundeslands Thüringen. Die exklusiven Flächen für Natur werden also immer knapper. Daher kann Naturschutz nur auf der gesamten Fläche stattfinden und es ist notwendig, die Interessenlagen der verschiedenen Nutzergruppen unter einen Hut zu bringen. Land- und Forstwirtschaft sind in Deutschland die größten Flächennutzer. Wirksamer Naturschutz kann daher nur mit den Land- und Forstwirten stattfinden.

BILD OBEN: **Nur durch regelmäßige Beweidung bleiben Heidelandschaften erhalten.**

Blick unter die Wasseroberfläche

Wer schon mal unter die Wasseroberfläche von Gewässern sehen wollte, kennt das Problem: Entweder die Wasseroberfläche ist gekräuselt, sodass man nicht ins Wasser sehen kann, oder die Oberfläche ist so still, dass sich alles darin spiegelt. Hier hilft die Unterwasserlupe, die man schnell und einfach selbst herstellen kann. Dazu benötigt man: einen großen schwarzen Kunststoffblumentopf, durchsichtige Plastikfolie, Gewebeklebeband, eine robuste Schere und ein scharfes Messer.

BILD OBEN: Was lebt im Wasser? Ein spannendes Forschungsgebiet für Kinder.

Zuerst schneidet man mit der Schere oder dem Messer den Boden des Blumentopfes aus. Anschließend werden die Kanten mit Klebeband abgeklebt, damit sich niemand an den scharfen Rändern verletzt. Dann schneidet man die Folie in die passende Größe und befestigt sie zunächst mit vier Klebestücken möglichst stramm am gegenüberliegenden Rand des Blumentopfes. Wenn die Folie wirklich fest und stramm ist, wird sie umlaufend mit dem Klebeband fixiert. Die Folie muss so verklebt sein, dass kein Wasser eindringen kann. Zum Beobachten der Unterwasserwelt wird der Blumentopf mit der Folie voran etwas in das Wasser gedrückt.

+++ Ausprobieren +++ Ausprobieren

Feldhecken untersuchen

Feldhecken erfüllen wichtige Funktionen in der Agrarlandschaft. Sie befestigen Hangbereiche, schützen den Oberboden vor Abtrag durch Wind und Wasser, verbessern das Kleinklima und den Wasserhaushalt und sind Lebensraum vieler Nützlinge. Für Kinder hält eine Feldhecke unzählige spannende Erkundungsmöglichkeiten bereit. Aus welchen Bäumen, Büschen oder krautartigen Pflanzen besteht die Hecke? Welche Tiere leben hier? Angefangen von den Insekten über die Vögel bis hin zu den Säugetieren ist die Hecke Lebens- und Deckungsraum vieler Tiere. Mit etwas Glück findet man die Bewohner und kann sie mit der Becherlupe oder dem Fernglas betrachten. Auch wenn man sie selbst nicht zu Gesicht bekommt, ihre Spuren hinterlassen sie doch. Bei diesen Tierspuren muss es sich aber nicht immer um Trittsiegel handeln, sondern es können auch alle anderen Formen sein: die Rupfung eines Greifvogels, die Losung eines Igels, die an Dornen aufgepiksten Insekten eines Neuntöters oder Knochen, die vor dem Bau eines Fuchses liegen.

Einen Kescher selbst bauen

In allen Agrarlandschaften befinden sich Gewässer. Kleine Flüsse, Bachläufe, Tümpel oder Seen bieten zahlreichen Pflanzen und Lebewesen einen Lebensraum. Diese kann man mit einem Kescher und einer Unterwasserlupe besser kennenlernen. Beide Forscherwerkzeuge können die Kinder leicht selbst bauen. Für den Kescher benötigt man ein großes Küchensieb mit Griff, einen stabilen, circa zwei Meter langen Stock und zwei Schlauchschellen aus dem Baumarkt sowie einen Schraubenzieher. Die Montage ist denkbar einfach: den Griff des Küchensiebs mit den Schlauchschellen an einem Stockende befestigen, mit dem Schraubenzieher die Schlauchschellen möglich fest zusammendrehen. Schon ist ein echter Profi-Kescher fertig. Der Vorteil gegenüber den Keschern mit Netz besteht darin, dass er sich nicht zwischen den Wasserpflanzen verfangen kann.

Untersuchen von Greifvogelgewöllen

Unter manchen Bäumen am Waldrand oder in Feldhecken entdeckt man manchmal viel Vogelkot auf dem Boden. Hier lohnt sich ein genauerer Blick, denn oftmals handelt es sich um Schlafstätten von Eulen wie der Waldohreule. Sie ist ein typischer Vogel der Agrarlandschaft, da sie als Jagdrevier offenes Gelände benötigt.

Zwischen dem Kot der Tiere liegen braune, kompakte Gebilde am Boden – das Gewölle der Tiere, auch Speiballen genannt. Was sich im ersten Moment reichlich unappetitlich anhört, ist für Kinder hochinteressant. Denn in dem Ballen befinden sich Knochen und Fell von Beutetieren, bei der Waldohreule überwiegend von Mäusen.

Das Gewölle legt man auf eine mitgebrachte, helle Plastiktüte. Mit einer Pinzette können die Kinder nun das Knäuel entwirren und die Einzelteile ans Licht bringen. Ist der Ballen zu dicht, sollte man ihn für einige Zeit in Wasser einlegen. So kann man gut die Beinknochen, die Rippen, die Wirbel und Kiefer der gefressenen Mäuse herausarbeiten. Die Knochen lassen sich ordnen und dann auf schwarzes Tonpapier aufkleben. Gerne nehmen die Kinder am Ende einige Knochen als Andenken in kleinen Plastiktütchen mit nach Hause. Besonders spannend wird es, wenn zur genaueren Untersuchung Lupen oder Binokulare zur Verfügung stehen.

Traditionen und Feste

Jahrhundertelang war ein Großteil der Bevölkerung mit der Erzeugung von Nahrungsmitteln beschäftigt. Daher haben viele Sitten und Gebräuche ihren Ursprung in der Landwirtschaft und sind noch heute ein Teil unserer Kultur. Doch bei vielen Traditionen haben wir die landwirtschaftlichen Wurzeln heute vergessen. Altes Brauchtum ist inzwischen oftmals verschwunden oder lebt nur noch in den Erzählungen auf dem Lande weiter. In den vergangenen Jahren hat jedoch ein Trend eingesetzt, der sich auf das Alte zurückbesinnt. Viele regionale Bräuche werden wiederbelebt und erfreuen sich einer großen Beliebtheit.

Johannistag

Der 24. Juni ist benannt nach dem Geburtstag von Johannes dem Täufer. Gleichzeit wird jedoch seit Jahrtausenden an diesem Tag die Sommersonnenwende gefeiert. Am Vorabend wird in vielen Regionen ein Johannisfeuer entzündet. Es soll nach altem Glauben Hagelschäden von den Feldern und Krankheiten von Vieh und Mensch fernhalten. Mit Sprüngen über das herabgebrannte Feuer wollte man Unheil und Krankheiten abwehren. Für die Landwirtschaft bedeutete dieser Tag den Beginn der warmen Jahreszeit und der Getreidereife. Noch heute endet mit dem Johannistag die Ernte von Spargel und Rhabarber.

Der Almabtrieb

Das Saisonende der Tiere auf den Hochgebirgsweiden feiert man bis heute in vielen Gemeinden der Alpen. Die Rinder werden im September von den Almen wieder hinab ins Tal getrieben, wo sie den Winter in den Ställen verbringen. Mit Blumen, Zweigen und bunten Bändern schmücken die Bauern die Köpfe der Tiere. Die traditionellen schweren Glocken um den Hals haben ihren Ursprung darin, dass böse Geister beim Auf- und Abtrieb vertrieben werden sollten.

Bunt geschmückt: Kuh beim Almabtrieb.

Mit den Feierlichkeiten danken die Bauern dafür, dass das Vieh und die Hirten den Almsommer gut und gesund überstanden haben. Heute sind die zahlreichen Feierlichkeiten eine Touristenattraktion.

Erntedank

Es ist das wohl wichtigste Fest in der Landwirtschaft. Dazu wurden früher auf den Höfen alle, die am Einbringen der Ernte beteiligt waren, zu einem großen Fest eingeladen. Nach dieser schweren Arbeit sagte man mit diesem Fest Dank für das »tägliche Brot«, für eine gute Ernte und für das Wachsen der Tiere. Erntedank wird heute immer noch Ende September oder Anfang Oktober gefeiert. Viele Kirchengemeinden laden dann zu einem Erntedankgottesdienst ein. Erntekronen, die aus Getreide geflochten sind, schmücken die Kirche und der Altar ist mit den Früchten aus Garten und Feld dekoriert. Im Gemeindehaus findet im Anschluss oftmals ein gemeinsames Fest statt, die Jugend feiert abends eine Erntedank-Party.

Erntedankaltar mit den Früchten der Arbeit.

Sankt Martin

Der November war früher immer der Monat des Schlachtfestes. Viele Weidetiere waren fett genug und man hatte zu wenig Winterfutter, um sie alle durch die kalte Jahreszeit zu bringen. Zudem waren die Lebensmittel in den Wintermonaten besser haltbar. Am Schlachttag waren viele helfende Hände nötig, denn Fleisch, Innereien und Blut mussten noch im warmen Zustand verarbeitet werden. Nur wenige Teile, wie die Blase der Schweine, wurden nicht zu Lebensmitteln verarbeitet. Diese zog man über Drahtgestelle und ließ sie trocknen. Früher waren die Städte und Dörfer noch nicht beleuchtet. Die Abwässer liefen oft quer über die Wege, und um trockenen Fußes nach Hause zu kommen, nahm man die getrockneten Schweinsblasen, stellte einen Blechpott mit Öl, Deckel und Docht hinein und befestigte sie an einem hölzernen Griff. Fertig waren die Laternen. So wurde das Laternengehen zu Sankt Martin zum Vergnügen der Kinder und ist es bis heute geblieben.

Bauernregeln

Sie spiegeln wider, dass die Arbeit und Existenz der Landwirte und ihrer Familien schon immer von Wetter und Natur abhängig waren. Alle Tätigkeiten wie Aussaat und Ernte richten sich nach der Witterung. Daher war die Landbevölkerung bestrebt, ihre Beobachtungen und Erfahrungen festzuhalten, woraus die Bauernregeln entstanden. Die meisten davon entwickelten sich im Mittelalter und wurden von Generation zu Generation weitergegeben. Da es noch keine Messinstrumente wie Thermometer oder Barometer gab, wurden Wetterphänomene oftmals mit übernatürlichen Kräften oder dem Willen Gottes erklärt. Heute stehen uns objektive Messungen und Vorhersagen zur Verfügung, doch aus manchen Bauernregeln lassen sich noch heute Trends für kommende Wetterlagen ableiten. Die bekannteste Regel betrifft den Siebenschläfertag am 27. Juni. Tatsächlich bestimmt die Luftdruckverteilung rund um diesen Tag oft darüber, welche Wetterlage sich in den kommenden Wochen einstellt.

+++ Ausprobieren +++ Ausprobieren +++

Barbarazweige schneiden – ein alter Brauch

Barbarazweige werden die Zweige genannt, die man am 4. Dezember, dem Tag der heiligen Barbara, schneidet und anschließend in einer Vase dekorativ in die Wohnung stellt. Je nach Belieben kann es sich dabei um einen Zweig von Kirsch- oder Apfelbäumen, Holunderbüschen oder Kastanien handeln. Am häufigsten werden Kirschzweige verwendet, weil die Kirschblüten besonders hübsch sind. Die Zweige blühen dann traditionell bis Heiligabend und bringen auf diese Weise Leben und Freude in der dunklen Zeit ins Haus.

Mit Kindern kann man diesen alten Brauch schön erleben und sich auf Spaziergängen zu Beginn des Monats Dezember auf die Suche nach einem Barbarazweig begeben. Der perfekte Zweig kann in der Vase auch mit weihnachtlichen Ornamenten geschmückt werden, die ihn in der Adventszeit zu einem echten Hingucker machen.

Johannisfeuer selbst entzünden

Offenes Feuer übt nicht nur auf Kinder eine magische Anziehungskraft aus. Daher kann ein Johannisfeuer, das in manchen Gegenden traditionell in der Nacht vom 23. zum 24. Juni entfacht wird, eine schöne Gelegenheit sein, Kindern ein Erlebnis mit dem Feuer zu ermöglichen. Dazu bedarf es nicht viel. Etwas trockenes Holz und ein leerer Eierkarton erleichtern das Entzünden. Überlassen Sie ruhig, unter Ihrer Aufsicht, den Kindern das Entfachen. Selbst mit widrigen Umständen, wie zum Beispiel mit Wind, lernen die Kinder schnell umzugehen und der Erfolg, ein eigenes Feuer zustande gebracht zu haben, stärkt ihr Selbstbewusstsein. Wenn sie dann erleben, dass ein Lagerfeuer Hitze und Rauch entwickeln kann, der ihnen in den Augen brennt, werden sie mit Respekt den Flammen begegnen. Viele weitere Zutaten für einen unvergesslichen Abend unter freiem Himmel brauchen die Kinder nicht – die Flammen allein sind für Kinder Faszination genug. Ein paar Würstchen, die in die Flammen gehalten werden können, etwas mitgebrachter Hefeteig für Stockbrot oder einfach ein Stöckchen, um in der Glut zu stochern, können das Erlebnis noch bereichern.

Beachten Sie, dass offenes Feuer keinesfalls im Wald oder an anderen Stellen, wo die Flammen um sich greifen und sich unkontrolliert ausbreiten könnten, entfacht werden darf. Das Feuer sollte mit einem umgestochenen Streifen Land von ca. 0,5 m abgesichert werden und mindestens 10 m von allem Brennbaren entfernt sein. Des Weiteren muss ein Feuer durchgehend beaufsichtigt und am Ende mit Wasser oder Erde gelöscht werden.

BILD OBEN: Beliebter Brauch in vielen Regionen: das Johannisfeuer.

Beim Almabtrieb zuschauen

Im gesamten Alpenraum gibt es in vielen Regionen traditionelle Almabtriebe. Die Termine dafür hängen stark von den jeweiligen Witterungsbedingungen ab und werden oft kurzfristig festgelegt. Eine aktuelle Übersicht bietet hier das Internet unter www.almabtrieb.net.

Wetterregeln

»Abendrot – Schönwetterbot', Morgenrot – Schlechtwetter droht!« Jeder von uns kennt diese Sprüche zum Wetter, die Bauernregeln genannt werden. Diese sind zum Teil alte Überlieferungen, in denen die Landwirte ihre Beobachtungen festgehalten haben, um daraus das Wetter für die kommenden Tage oder Wochen zu deuten.

Wesentlich zuverlässiger ist es, das Wetter für den nächsten Tag vorauszusagen. Denn hier helfen einige Tiere und Pflanzen. So kann man sehr sicher sein, dass das Wetter schön bleibt, wenn Gänseblümchen ihre Blüten öffnen. Klappen sie diese hingegen zu, dann steht Regen an. Auch die Große Sternmiere klappt die Blätter vor einem nahenden Regenschauer zusammen und lässt ihre kleinen Blüten hängen. Daher hat die Pflanze auch ihren volkstümlichen Namen »Regenblümchen«.

Anzeichen für gutes Wetter sind zirpende Grillen, im Dunkeln leuchtende Glühwürmchen, hoch fliegende Schwalben und nachts quakende Frösche oder Kröten. Sitzen hingegen Vögel gemeinsam auf Drähten eng zusammen oder fliegen die Schwalben tief, so kann man mit großer Sicherheit auf Regen schließen.

BILD OBEN: **Wie wird das Wetter? Auch heute noch eine der häufigsten Fragen des Landwirts.**

Anhang

Maschinen auf dem Bauernhof

Die meisten Arbeiten werden heute mit großen Maschinen ausgeführt. Wie heißen die häufigsten und wofür werden sie verwendet?

Der Bauernhof-kalender

Welche Feldfrüchte werden wann ausgesät und geerntet? Welche Feldarbeiten kann man wann im Jahreslauf erleben?

Quiz für Bauernhof-experten

Hier kann man sein Wissen testen. Aber die Antwort bitte nicht zu früh lesen! Wer weiß am besten Bescheid?

Maschinen

① Der **Traktor** ist das Universalgerät in der Landwirtschaft. Er wird in erster Linie zum Ziehen, aber auch zum Antrieb landwirtschaftlicher Maschinen verwendet, die an ihn angebaut oder angehängt werden. ② Mit der **Ballenpresse** werden Heu, Stroh oder Grassilage gepresst. Nach Form der Ballen wird zwischen Rund- und Quaderballenpressen unterschieden. ③ Ein **Pflug** dient der Lockerung und dem Wenden des Ackerbodens. ④ Mit der **Sämaschine** werden Samen im Boden abgelegt. ⑤ Mit dem **Düngerstreuer** können körnige Dünger dosiert und gleichmäßig auf landwirtschaftliche Nutzflächen ausgebracht werden. ⑥ Der **Feldhäcksler** zerkleinert und verlädt Erntegut wie Mais oder Gras, das als Silage eingelagert werden soll.

⑦

⑧

⑨

⑦ Der **Grubber** dient der Lockerung und Krümelung des Bodens, der Unkrautbekämpfung und Einarbeitung von Pflanzenmaterial in den Boden. ⑧ Ein **Güllefass** wird zur Ausbringung von Gülle auf Felder oder Grünland eingesetzt. ⑨ Eine **Spritze** – allgemein auch Pflanzenschutzspritze genannt – wird zum Pflanzenschutz, seltener zur Düngung, eingesetzt. ⑩ **Kreiselmähwerke** werden verwendet, um Gras zu mähen. Sie können vorne und/oder hinten am Traktor angebaut werden. ⑪ Der **Ladewagen** nimmt über eine Pickup-Trommel Gras, Heu oder Stroh vom Boden auf und lagert es auf seiner Ladefläche für den Transport zwischen. ⑫ Der **Mähdrescher** dient der Ernte von Körnerfrüchten wie insbesondere Getreide. Aber auch Raps, Sonnenblumen, Ackerbohnen oder Grassamen werden mit ihm geerntet.

⑩

⑪

⑫

Der Bauernhofkalender

	Januar	Februar	März	April	Mai	Juni	Juli	August	September	Oktober	November	Dezember
Feldfrüchte												
Wintergetreide								Ernte		Aussaat		
Sommergetreide			Aussaat					Ernte				
Mais				Legen						Ernte		
Kartoffeln				Legen					Ernte			
Zuckerrüben			Aussaat							Ernte		
Feldarbeiten												
Acker				Pflügen, Grubbern, Eggen						Pflügen, Grubbern, Eggen		
Pflanzenschutz						Regelmäßig während der Vegetationszeit						
Gülle/Düngen						Regelmäßig während der Vegetationszeit						
Silage					Gras					Mais		

Weizen: Die bräunlichen Weizenkörner haben eine glatte Oberfläche. Ihre Form ist insgesamt rundlich. Ihre Enden weisen keine Spitzen auf.

Roggen: Die Oberfläche der Roggenkörner ist glatt und stumpf. Ihre Form ist schlankgestreckt, ihre Farbe ist graugrün.

Gerste: Die gelben Gerstenkörner besitzen eine raue Oberfläche. Das rundliche, bauchige Korn läuft an beiden Enden spitz zu.

Hafer: Haferkörner sind sehr schlank und langgestreckt und laufen an den Enden spitz zu. Ihre Farbe ist goldgelb.

Dinkel: Entspelzte Dinkelkörner ähneln in Farbe und Form sehr stark dem Weizen. Im direkten Vergleich wirken sie weniger rundlich.

Mais: Durch ihre kantige Form und die kräftige, gelbe Farbe unterscheiden sich Maiskörner deutlich von denen anderer Getreidearten.

Quiz für Bauernhofexperten

Welches Fest wird bei uns am Ende der Erntezeit gefeiert?

a) Erntedankfest
b) Halloween
c) Thanksgiving

Das Erntedankfest; es wird bei uns am ersten Sonntag nach dem Michaelistag (29.9.) gefeiert. Halloween hat seinen Ursprung in Irland und wurde von irischen Einwanderern nach Amerika gebracht. Es wird am 30.10., dem Vorabend unseres Allerheiligen-Festes, gefeiert. Thanksgiving ist eine Form des Erntedankfestes, das in den Vereinigten Staaten und Kanada verwurzelt ist. Es weicht aber stark vom Fest nach europäischen Traditionen ab.

Wie oft werden Kühe gemolken?

a) einmal am Tag
b) zweimal am Tag
c) einmal in zwei Tagen

Der Landwirt melkt seine Kühe normalerweise zweimal am Tag: früh morgens und abends, am besten in einem Abstand von etwa 12 Stunden.

Was ist Wintergetreide?

a) Getreide, das im Winter an die Tiere verfüttert wird
b) Getreide, das schon im Herbst gesät und erst im nächsten Jahr geerntet wird
c) eine Getreidespezialität, die erst nach dem Frost geerntet werden kann

Wintergetreide wird im Herbst gesät. Als kleines Pflänzchen überdauert es den Winter und kann im Frühjahr schon bei den ersten warmen Sonnenstrahlen wachsen. Daher sind die Erträge von Wintergetreide höher als die von Sommergetreide.

Wann begannen die Menschen in Europa mit dem Ackerbau?

a) vor ca. 2.000 Jahren
b) vor ca. 10.000 Jahren
c) vor ca. 50.000 Jahren

Vor rund 10.000 Jahren begannen die Menschen in Europa mit dem Anbau von Nutzpflanzen. In Mesopotamien datieren die ersten Nachweise 13.000 Jahre zurück, während Ackerbau in Japan erst seit 2.300 Jahren durchgeführt wird.

Wie nennt man die Nase eines Schweins?

a) Schnauze
b) Rüssel
c) Riecher

Die Nase ist bei Schweinen zwar deutlich kleiner als bei Elefanten, heißt aber trotzdem Rüssel. Auch bei anderen Tieren, wie z. B. beim Ameisenbär, Tapir oder Igel, bezeichnet man die Nasen als Rüssel.

Das Flächenmaß in der Landwirtschaft ist das Hektar. Wie viele Quadratmeter hat ein Hektar?

a) 100 m^2
b) 3.333 m^2
c) 10.000 m^2

Ein Hektar ist 100 Meter lang und 100 Meter breit, also 10.000 m^2 groß. Es wird als offizielles Flächenmaß in der Land- und Forstwirtschaft bei uns verwendet. 100 Hektar ergeben einen Quadratkilometer. In vielen Gegenden rechnen die Landwirte noch in traditionellen Flächenmaßen, wie z. B. Tagwerk, Diemat oder Morgen.

Woraus werden Pommes frites hergestellt?

a) Zuckerrüben
b) Getreide
c) Kartoffeln

Spezielle, längliche Kartoffelsorten werden geschält und der Länge nach in dünne Stäbchen geschnitten. Nur die längsten Stäbchen sind als Pommes frites geeignet.

Warum wirken Hühner oft hektisch und bewegen ihren Kopf schnell vor und zurück?

a) Sie können räumlich nicht gut sehen.
b) Viele Hühner haben oft einen Sehfehler.
c) Durch ihren hohen Puls sind sie einfach hyperaktiv.

Tatsächlich können Hühner nicht gut räumlich sehen. Um ihre Umgebung besser wahrnehmen zu können, bewegen sie ihren Kopf häufig hin und her.

Was bezeichnet man als Heu?

a) Gras und Kräuter, die von der Sonne getrocknet wurden
b) gelbe, reife Getreidehalme
c) abgefallenes Laub von Bäumen

Gras und Kräuter werden gemäht und durch mehrmaliges Wenden in der Sonne getrocknet. Anschließend wird das Heu, das eine grünliche Farbe besitzt, zu großen Ballen gepresst und als Winterfutter für die Tiere eingelagert.

Zu welcher Pflanzenfamilie gehören unsere Getreidearten?

a) Schachtelhalmgewächse
b) Rosengewächse
c) Gräser

Alle unsere einheimischen Getreidearten gehören zur Familie der Süßgräser: Gerste, Hafer, Weizen, Roggen, Dinkel und Mais, aber auch andere Nutzpflanzen wie Hirse, Reis oder Zuckerrohr.

Was ist Silage?

a) ein Medikament für Kälber
b) Abfälle, die Schweine zu fressen bekommen
c) durch Gärung haltbar gemachtes Futter

Mais oder angetrocknetes Gras werden klein gehäckselt, in großen Lagerbehältern verdichtet und unter Luftausschluss durch Milchsäuregärung als Winterfutter für die Tiere haltbar gemacht.

Bei welchem Getreide wachsen die Körner in einer Rispe?

a) Mais
b) Roggen
c) Hafer

Beim Hafer hängen die Körner einzeln und sind nicht dicht an dicht im Fruchtstand vereinigt. Das bezeichnet man als Rispe. Bei Roggen nennt man den Fruchtstand Ähre, beim Mais Kolben.

Wie viel Zucker enthält in etwa eine Zuckerrübe?

a) rund 5 Prozent ihres Gewichts
b) rund 20 Prozent ihres Gewichts
c) rund 40 Prozent ihres Gewichts

Der Zuckergehalt in der Rübe liegt heute bei rund 20 Prozent. Ursprünglich hatten die Zuckerrüben nur rund fünf Prozent Zuckergehalt, der durch Züchtung deutlich gesteigert werden konnte.

Ab wann wird ein weibliches Rind Kuh genannt?

a) Gleich nach der Geburt.
b) Wenn es nicht mehr gesäugt wird.
c) Wenn es sein erstes Kalb zur Welt gebracht hat.

Wenn es mit rund zwei Jahren sein erstes Kalb zur Welt gebracht hat und Milch gibt. Vorher bezeichnet man es als Färse oder Kalbin.

Was entsteht, wenn Sahne zu lange geschlagen wird?

a) Milch
b) Butter
c) Molke

Butter; das kann man in einem einfachen Versuch überprüfen: etwas Sahne in ein Marmeladenglas geben, fest mit dem Deckel verschließen und ca. 10 Minuten schütteln.

Eine Wiese mit hochstämmigen Obstbäumen nennt man …

a) Obstbaumwiese
b) Streuobstwiese
c) Obstplantage

Im Gegensatz zur Obstplantage stehen die Bäume auf einer Streuobstwiese meist nicht in geraden Reihen, sondern sind »verstreut« auf der Fläche zu finden. Heute werden die traditionellen Streuobstwiesen kaum mehr erhalten, da sie mit modernen Maschinen nicht zu bewirtschaften sind.

Woraus werden Cornflakes gemacht?

a) Mais
b) Kartoffeln
c) Roggen

Cornflakes (engl. »corn« = Mais, »flakes« = Flocken) sind Flocken aus gekochtem, gewalztem und getrocknetem Mais.

Der Kartoffelkäfer, ein Schädling der Kartoffel, ist …

a) rot mit weißen Punkten
b) beige-schwarz gestreift
c) lila-weiß gemustert

Der Kartoffelkäfer ist beige-schwarz gestreift. Er stammt ursprünglich aus Amerika und wurde 1877 nach Deutschland eingeschleppt. Er ist einer der größten Schädlinge im Kartoffelanbau.

Mit welcher Maschine erntet der Landwirt das Getreide?

a) Strohhäcksler
b) Vollernter
c) Mähdrescher

Der Mähdrescher schneidet die Halme ab und drischt die Körner aus den Ähren. Das Getreide wird in der Maschine im Korntank gesammelt und anschließend auf Anhänger umgeladen. Das Stroh wird hinten aus der Maschine ausgeworfen.

Der überwiegende Teil des Honigs, der in Deutschland gegessen wird, stammt …

a) aus Deutschland
b) aus dem Ausland
c) als Kunsthonig aus der Fabrik

Nur ca. 20 % des Honigs, der in Deutschland gegessen wird, stammen aus dem Inland. Echten Deutschen Imkerhonig erkennt man an dem typischen Glas.

Wie nennt man ein abgemähtes Getreidefeld?

a) Brache
b) Grubberfeld
c) Stoppelfeld

Nachdem das Getreide geerntet und das Stroh abgefahren oder zerkleinert wurde, bleiben die Wurzeln mit den abgeschnittenen Halmen zurück. Vor der neuen Einsaat muss das Stoppelfeld umgepflügt werden.

Adressen, die Sie unterstützen, wenn Sie einen Bauernhof besuchen möchten oder Sie weiteres Informationsmaterial wünschen:

aid infodienst Ernährung, Landwirtschaft, Verbraucherschutz e. V.

Heilsbachstr. 16
53123 Bonn
Telefon: 0228 8499-0
Fax: 0228 8499-177
aid@aid.de
www.aid.de und www.was-wir-essen.de

BIOLAND

Landesverband Baden-Württemberg
Schelztorstr. 49
73728 Esslingen
Telefon: 0711 550939-0
Fax: 0711 550939-50
www.bioland-bw.de/schulen

Bund der Deutschen Landjugend (BDL)

Claire-Waldoff-Str. 7
10117 Berlin
Telefon: 030 31904-253
Fax: 030 31904-206
www.landjugend.de

Bundesarbeitgemeinschaft Lernort Bauernhof e. V. (BAGLoB)

Dangasterstr. 65
26316 Varel
Telefon: 04451 81760
hansmeyerzfelde@aol.com
www.baglob.de

Deutscher Bauernverband e. V.

Claire-Waldoff-Str. 7
10117 Berlin
Telefon: 030 31904-0
Fax: 030 31904-431
m.lohse@bauernverband.net
www.bauernverband.de

Deutscher Imkerbund e. V.

Villiper Hauptstr. 3
53343 Wachtberg
Telefon: 0228 932920
Fax: 0228 321009
deutscherimkerbund@t-online.de
www.deutscherimkerbund.de

Deutscher LandFrauenverband e.V.

Claire-Waldoff-Str. 7
10117 Berlin
Telefon: 030 284492-910
Fax: 030 284492-919
info@landfrauen.info
www.landfrauen.info und www.landportal.de

Fördergemeinschaft Nachhaltige Landwirtschaft (FNL) e. V.

Wilhelmsaue 37
10713 Berlin
Telefon: 030 8866355-0
Fax: 030 8866355-90
m.larch@fnl.de
www.fnl.de

i.m.a - information.medien.agrar e. V.

Wilhelmsaue 37
10713 Berlin
Telefon: 030 8105602-0
Fax: 030 8105602-15
info@ima-agrar.de
www.ima-agrar.de

Verband der Landwirtschaftskammern e. V.

Claire-Waldoff-Str. 7
10117 Berlin
Telefon: 030 31904-512
Fax: 030 31904-520
info@vlk-agrar.de
www.landwirtschaftskammern.de

Zentrale für den Landurlaub

Maarstraße 96
53227 Bonn
Telefon: 0228 96302-0
Telefax: 0228 96302-33
info@bauernhofurlaub.com, www.bauernhofurlaub.com

Landtourismus Marketing GmbH

Haus der Land- und Ernährungswirtschaft
Claire-Waldoff-Str. 7
10117 Berlin
Telefon: 030 28444119-10
Fax: 030 28444119-19
info@landsichten.de
www.landsichten.de

Stichwortverzeichnis

Empfehlenswerte Literatur zum Weiterlesen:

Becker, K. / John, S.: *Farbatlas Nutzpflanzen in Mitteleuropa,* Ulmer Verlag, 2000

Gutjahr, A.: *Feldfrüchte,* Cadmos Verlag, 2009

Eisenreich W. et al.: *Der BLV Tier- und Pflanzenführer für unterwegs,* BLV Buchverlag, 2012

Lohmann. M: *Was wächst auf unseren Feldern,* BLV Buchverlag, 2008

Mesiter, H. / Wolf, G.: *Agricultur,* Leopold Stocker Verlag, 2003

Müller, J.: *100 Bauernregeln … die wirklich stimmen,* BLV Buchverlag, 2011

Olsen, L.-H.: *Tierspuren,* BLV Buchverlag, 2012

Sambraus, H.: *Farbatlas Nutztierrassen,* Ulmer Verlag, 2011

Seidl, A.: *Deutsche Agrargeschichte,* DLG Verlag, 2006

Strotdrees G. / Cavelius, G.: *Was brummt da auf dem Bauernhof?* Landwirtschaftsverlag, 2000

Bildnachweis

Agrarfoto.com: 16, 17, 22l, 25l, 29r, 32, 37r, 41r, 57l, 74, 75, 89, 90, 94
Amazone: 84l
Claas: 85l, 106ol, 106or, 106mr, 106ml, 106ul, 106ur, 107ol, 107mr, 107ml, 107ur
D. Harms/Wildlife: 91
Florian Werner/LOOK-foto: 82/83
Fotolia.com/:
Adam Gryko: 21l; Artur Blaszak: 49; Ben: 71; bynicola: 79; Celeste Cota: 37l; Christa Eder: 100; dule964: 51u; ExQuisine: 112; Foodlovers: 60; Gerhard Seybert: 73; Jan the Manson: 66; Joe Gockel: 8/9; Lemmiu: 52/53; Liane Remmler: 23; Liveostock-images: 26; Lunamaria: 40; Lunaundmo: 2/3; Marion Divis: 22r; Martina Berg: 49l; Meowgli: 96; mirpic: 85r; paulm41: 63; PhotoSG:35l; RadVila: 68r; Ril: 68l; RobertoC: 110; Rolf Fassbind: 25r; Sergej Khackimullin: 86; Sergey Lavrentev: 48; Shmel: 6; Springfield Gallery: 20; Steven Jamroofer: 88; Stoonn: 62; Volker Wille: 103
Gettyimages/:
Digital Vision: 34, 81; Dorling Kindersley: 45l; Image Source: 15r; Stock4B: 13; Taxis: 93; The Agency Collection: 31; The Image Bank: 115; Westend61: 14
Hecker: 12, 35r, 39, 43, 47, 61, 92, 98
Koll: 15l, 24, 38, 42, 58, 69, 76, 78, 84r, 87 (alle), 99, 108/109 (alle), 113
Landtechnik Siegler BV: 67
Mauritius Images/:
a.collectionRF/amanaimages: 44; Age: 4l, 29l, 77; Andreas Vitting: 5l; Bridge: 18/19, 33l; Cultúra: 50; Danilo Böhme: 21r; David & Micha Sheldon: 4r, 33r; Edmund Nägele: 10; Fancy: 1, 27r; Foodcollection: 80; Hans Blossey: 65; Harry Walker: 59; Hiroshi Higuchi: 36; ib / Bahnmueller: 64; ib / Dr. Wilfried Bahnmüller: 101; ib / Gerhard Zwerger-Schoner: 56r; ib / Gianpiero Ferrari/FLPA: 55l; ib / Greta Flohe/Intro: 95; ib / Hans Lippert: 102; ib / Heinz Kühbauch: 56l; ib / Jochen Tack: 70; ib / John Watkins/FLPA: 45r; ib / PICANI: 104/105; ib / Siegfried Kuttig: 97; Image Source: 5r, 28; Josef Kuchlbauer: 57r; mauritius rf / MT: 55r; OJO Images: 54; Ronald Wittek: 41l; Tetra Images: 46; Westend61: 30
Pöttinger: 107ul
Stockfood/aurorafoto: 27l
Stockfood/Studio R. Schmitz: 72
www.kunzenhof.de: 51o

Über den Autor

Hubert Koll ist auf einem Bauernhof in Bayern aufgewachsen. Seit seinem Studium der Agrarwissenschaften in Stuttgart-Hohenheim erklärt er Kindern, Jugendlichen und Erwachsenen auf vielfältige Weise die moderne Landwirtschaft. In den vergangenen 15 Jahren betreute er, neben der Entwicklung von zahlreichen Unterrichtsmedien, Informationsmaterialien und Kommunikationskonzepten, verschiedene Filmprojekte und Messeauftritte zur Landwirtschaft. Ein besonderes Anliegen ist es ihm dabei, Kindern und Jugendlichen ein realistisches Bild eines modernen Bauernhofs zu zeigen und Zusammenhänge verständlich zu machen. Daher engagiert er sich seit vielen Jahren für den »Lernort Bauernhof«. Sein Wunsch und Ziel ist es, dass jedes Kind in Deutschland mindestens eine Woche auf einem Bauernhof verbringen kann.

Impressum

Bibliografische Information der Deutschen Nationalbibliothek
Die Deutsche Nationalbibliothek verzeichnet diese Publikation in der Deutschen Nationalbibliografie; detaillierte bibliografische Daten sind im Internet über http://dnb.d-nb.de abrufbar.

BLV Buchverlag
GmbH & Co. KG

80797 München

© 2012 BLV Buchverlag GmbH & Co. KG, München

Das Werk einschließlich aller seiner Teile ist urheberrechtlich geschützt. Jede Verwertung außerhalb der engen Grenzen des Urheberrechtsgesetzes ist ohne Zustimmung des Verlags unzulässig und strafbar. Das gilt insbesondere für Vervielfältigungen, Übersetzungen, Mikroverfilmungen und die Einspeicherung und Verarbeitung in elektronischen Systemen.

Umschlagkonzeption: Kochan & Partner, München
Umschlagfotos:
Vorderseite: mauritius images/Franke
Rückseite: Mauritius images/ André Pöhlmann: links
Getty images/the agency collection: Mitte
Hecker: rechts

Konzeption und Lektorat: Dr. Friedrich Kögel, Katharina May
Herstellung: Angelika Tröger
Satz und Layout: griesbeckdesign, München

Gedruckt auf chlorfrei gebleichtem Papier

Printed in Germany
ISBN 978-3-8354-0982-8

Hinweis
Das vorliegende Buch wurde sorgfältig erarbeitet. Dennoch erfolgen alle Angaben ohne Gewähr. Weder Autor noch Verlag können für eventuelle Nachteile oder Schäden, die aus den im Buch vorgestellten Informationen resultieren, eine Haftung übernehmen.

Natur erleben macht Spaß: spielen, basteln, beobachten, forschen…

Veronika Straaß

Mit Kindern die Natur entdecken

Spiele mit Kindern in der Natur – von der Schatzsuche, Kastanienrallye und Bienenkneipe bis zum Beerenballett, Schneckenderby und Blattmemory · Bauen und basteln: ein Appartement für Insekten, Blumenkränze, ein Haus aus Ästen, Naturschmuck, Blattdrucke, Eichel-Elche, Sankt-Martins-Lichter, eine Vogel-Snackbar und vieles mehr · Beobachten und experimentieren: Pflanzen und Tiere kennenlernen und Zusammenhänge verstehen · Geeignet für alle Kinder im Alter von 4 bis 12 Jahren.

ISBN 978-3-8354-0696-4

www.blv.de blv